# 古代歷史文化研究輯刊

## 三 編

王 明 蓀 主編

## 第 30 冊

### 貴霜爲大月氏考

耿 振 華 著

國家圖書館出版品預行編目資料

貴霜為大月氏考／耿振華 著——初版——台北縣永和市：花木
蘭文化出版社，2010〔民 99〕
目 2+148 面；19×26 公分
（古代歷史文化研究輯刊 三編；第 30 冊）
ISBN：978-986-254-114-2（精裝）
1. 月氏 2. 中亞史

639.4 99001485

ISBN - 978-986-2541-14-2

9 789862 541142

古代歷史文化研究輯刊
三 編 第三十冊 ISBN：978-986-254-114-2

貴霜爲大月氏考

作 者 耿振華
主 編 王明蓀
總 編 輯 杜潔祥
出 版 花木蘭文化出版社
發 行 所 花木蘭文化出版社
發 行 人 高小娟
聯 絡 地 址 台北縣永和市中正路五九五號七樓之三
電話：02-2923-1455／傳眞：02-2923-1452
網 址 http://www.huamulan.tw 信箱 sut81518@ms59.hinet.net
印 刷 普羅文化出版廣告事業
初 版 2010 年 3 月
定 價 三編 30 冊（精裝）新台幣 46,000 元

# 貴霜爲大月氏考

耿振華　著

## 作者簡介

耿振華，臺北市立教育大學歷史與地理學系暨研究所教授，
中國文化大學史學研究所博士。

著有《西藏生死學的理論與實踐：西藏喪葬習俗研究》、《中國西北邊疆民族史：以部落政權發展模式與民族文化保存為中心》、《藏傳佛教在台北地區的發展及其社會功能的探討》、《藏傳密宗在台灣地區的發展及其社會功能的探討》，譯有《回諍論》藏文中譯、〈札巴講述格薩爾王傳之一〉。

教授中國少數民族史、多元文化與少數民族研究、歷史人物分析、歷史文獻學、中國文化史等課程。

## 提　要

本文共分六章十四節，旨在說明貴霜帝國統治者所屬的民族是大月氏。

首先，釐清大月氏人與吐火羅人之間的歷史誤解。將貴霜帝國所從出的貴霜翖侯，做一歷史性的階段分期；澄清大夏地方的貴霜翖侯不出於吐火羅人統領的大夏國，而出於大月氏人為統領大夏地方所做的翖侯建置。其次，就中西文獻史料考量中亞及西域的翖侯官制建置，得知翖侯人選多為親王，其主要工作在於為君王參謀獻計，翖侯的建置盛行於西元前後的西漢時代，而此建置傳統長存於印歐民族活動的地域。第三，中國甘肅省考古之月氏人在春秋末至戰國時以紅陶為主的沙井文化，其空間分佈的情形為自西向東，與甘肅省較早的馬家窯文化空間分佈的情形互為逆向。此外，據希臘文獻記載，月氏人出自印歐種西徐亞族東支的塞人部落，其東徙時代亦與沙井文化的存在時期相合。因此，月氏人在中國境內為匈奴所敗而東徙受挫之後，便再回到其所熟悉的中亞故土，並開創了貴霜王朝的燦爛文化。第四，貴霜王朝雖崛起於大夏地方，然而大夏地方的地域文化只是貴霜帝國複雜多樣文化中的一支；隨著貴霜帝國版圖的擴大與政治中心的遷移，貴霜帝國出現了以印度河、恆河流域文化為主的統一文化，因此貴霜帝國與大夏地方其他政權或種族之間的混淆，實肇因於貴霜帝國統治者所屬民族族系的誤認。

本文研究方法以文獻分析及考古報告為主。根據漢文文獻史料，首先自貴霜翖侯與大夏國政權及貴霜帝國政權之間演變關係進行各階段的歷史分期，並就政治建置分析其對於社會經濟以及生活方式等不同層面的影響，歸結月氏族與大夏地方先住民的文化融合。其次以漢文史料所記載西域國家所出現的翖侯建置，歸結出翖侯的官制性質與政治作用；並就東漢許慎《說文解字》以來中國傳統的字書分析翖侯的形音義文字性質，證明翖侯出於外來語的譯音；再配合西方語言學家的考證成果，由語言學估測翖侯官制的語源及其族屬。第三，則用月氏族翖侯語源及族屬的解決，進一步考證月氏族在中國甘肅省考古文物遺存中所顯示的文化內涵，而為月氏族人種遠源找出西文史料的文獻依據，並由月氏族族屬的判定，澄清其與近親支系吐火羅人的分別，說明雖處於不同時期卻因同在大夏地方發展，導致的歷史誤解；使得月氏族在大夏地方的發展，經由時間與遷徙途徑的釐清，而更加明晰。第四，就日人根據漢文史料考證月氏族西遷的不同年代，進行原始資料的文獻追蹤，並歸結出合理的遷徙路線與遷徙年代，證明貴霜帝國第一王朝的統治族系確實出於大月氏族；至於貴霜帝國第二王朝，所顯現出的吐火羅文化或大夏地方及印度西北部在各個歷史階段所澱積的地域文化色彩，則充分展露出貴霜帝國的多元文化特色。

目 次

# 第一章 緒 論

　　西元一世紀上半葉，貴霜翎侯丘就卻（Kujula Kadphises）崛起於大夏地方（Bactriana）。所謂大夏地方，係指阿姆河（《史記》中之媯水，希臘語作Oxus，即今之 Amu River）以南，阿富汗（Afghanistan）北部及興都庫什山脈（Hindu-Kush）一帶的地域，當時大夏地方分為五翎侯，皆屬於大月氏。因此，丘就卻輕易地攻滅了其他四翎侯，統一了大夏地方；自興都庫什山脈進入五河地帶（Punjub），創建了貴霜帝國（Kushan Empire）。漢仍本其故號，稱其為大月氏。然而，貴霜帝國興起之地是大夏地方，貴霜翎侯是大夏國五翎侯中的一個翎侯；因此《後漢書》雖稱呼貴霜帝國為大月氏，貴霜帝國仍與大夏地方有密切的關係。

　　貴霜帝國經丘就卻創立後，又經後繼的君主閻膏珍（Vim Kadphises）、伽色膩迦（Kanishka）逐步在今印度地方開發擴張，最後終於成為一個地跨中亞、南亞的大帝國。由於貴霜帝國的地理位置處在東西南北交通要道的會合處，來自中國的絲綢，來自中亞、西伯利亞的黃金，來自印度地方的香料，以及從海上轉運來的中國南方特產，都要從這裡轉運到西方去。因此貴霜帝國不但成為東西貿易物資轉換站，同時也成為東西人種、語言、藝術、文化薈萃之地；更與此時的漢、安息、羅馬並稱為「四大帝國」。

　　基於貴霜帝國的建立及其在政治、經濟、文化諸方面的作用，在古代世界史中具有十分重要的意義；從十九世紀中葉以來，中外學者便開始研究貴霜帝國的歷史，然而對於貴霜帝國自大夏地方興起的建國實況，以及與大月氏種族之間相互統屬關係的變遷，仍缺乏深入的、全面的探究。考其因素，大約有下列數端：

一、貴霜帝國本身幾乎沒有任何文字記載流傳後世；研究貴霜帝國的文字只能就出土的碑銘文字或鑄印在錢幣上的文字做分析。流通於大夏地方的文字有早期希臘統治時期所留下的希臘文，印度的俗語佉盧文（Kharosthi），及伽膩色迦時期官方使用的婆羅謎文體（Brahmi）。這些古老的文字，非但解讀不易，並且在鑄印時已有訛誤出現，加上年代久遠，要能避免相似語音的混淆比附，而能自其所屬的語系文法加以正確解釋，則更是難上加難。

二、有關貴霜帝國的他國史料記載，以中國史籍中的列傳資料爲最可信，也最爲完備。但是漢文資料中對於貴霜帝國的記錄是以大月氏爲主的記述，對於貴霜帝國興起所在大夏地方的其他種族，並沒有太多相關的描述。

三、王國維曾提出「論西胡之事，當分別統治者與被統治者二級觀之」〔註1〕的論點，然而研究者往往過於關注貴霜帝國統治種族是由東方中國遷去的大月氏，或出自中亞地區的吐火羅族（Tokharoi）；鮮能以大夏地方土著文化爲基礎，配合出土銘文及錢幣上鑄印的各期國王頭像中的服飾、容貌和字體的變化，來探討不同時間下大夏地方統治者種族的變遷，爲貴霜帝國初期史料所呈現的問題做一合理明確的解釋。

貴霜帝國的中文基本史料，主要見於《史記》〈大宛列傳〉、〈西南夷列傳〉、〈匈奴列傳〉；《漢書》〈張騫傳〉、〈西域傳〉；《後漢書》〈西域傳〉；《魏書》〈西遇列傳〉；《北史》〈西域列傳〉；《新唐書》〈西域列傳〉等正史。及其他散見於《山海經》、《穆天子傳》、《呂氏春秋》、《左傳》、《逸周書》、《管子》中的月氏。關於大夏諸傳說，則須辨析其成書年代及族名與地望的關係，方得以釐清漢代西徙的大月氏爲貴霜帝國的統治階層，而了解大月氏與活動於大夏地方各個被統治的種族，皆屬於相同的族系。

貴霜帝國的碑銘和錢幣的圖像文字資料，見於西文考古報告或貴霜史、大夏史轉引博物館館藏中的古物圖版資料、碑銘中貴霜帝國國君名號的變化、各期錢幣材質的變化、各期錢幣上的國君肖像衣飾演變、各期錢幣背面鑄印保護神祇神像的變化及錢幣鑄印文字所屬的語系變遷，皆有助於研究貴霜帝國統治階層的文化現象，並有助於分析貴霜帝國不同階段特色的文化現象，到底是出於同一種族獨立演化的「漸變」成果，亦或由於其他種族侵入而產生的「突變」現象。

---

〔註1〕 王國維：〈西胡考〉下；《觀堂集林》卷十三；《史林》五，民十年作者自編成集（台北：世界書局影印，民72年）（五版），頁616。

　　貴霜帝國種族方面的研究論著，有丁謙〈大夏國考〉，王國維〈月氏未西遷大夏時故地考〉，柳貽徵〈大夏考〉，劉掞藜〈月氏與東西文化之關係〉，鄭鶴聲〈大月氏與東西文化〉，張蔭麟〈大月氏與東西文化〉，徐中舒、鄭德坤、馮家昇〈月氏為虞後及「氏」和「氐」的問題〉，張西曼〈大西氏人種及西竄年代考〉，馮家昇〈大月氏民族及其研究之結論〉，龔駿〈月氏與烏孫的西遷過程考〉，書蠹〈河西走廊最古的居民——「月氏」南遷甘肅考〉，曹懷玉〈商周秦漢時期甘肅境內的氐羌月氏和烏孫〉，陳良佐〈從人口推測大月氏‧烏孫的故地〉，桑秀雲〈蜀布邛竹傳至大夏路徑的蠡測〉，饒宗頤〈蜀布與 Cinapatta ——論早期中印緬之交通〉，謝黎明〈月氏研究〉，潘策〈秦漢時期的月氏、烏孫和匈奴及河西四郡的設置〉，黃文弼〈大月氏故地及西徙〉、〈中國古代大夏位置考〉，黃靖〈古代新疆塞人歷史鉤沉〉、〈烏孫王難兜靡死於大月氏考〉，趙振績〈月氏族係與亞洲氏地之關係〉，穆舜英〈新疆考古三十年〉，莫任南〈關于月氏西遷年代問題〉，水天長〈略論大月氏貴霜帝國的建立及其族系關係〉，馮一下〈大月氏歷史述略〉，楊建新〈吐火羅論〉，何光岳〈郁夷、大月氏的來源和遷徙〉，王小甫〈先秦我國西北的塞種〉，韓亦奇〈中國典籍中之大夏與大夏族之遷徙〉，王宗維〈「敦煌」釋名——兼論中國吐火羅人〉，黃靖〈貴霜帝國的年代體系〉，楊建新〈中國西北少數民族史〉，馬曼麗〈甘肅民族史入門〉，蒲朝紱〈試論沙井文化〉，郎樹德〈甘肅史前考古〉，陳可畏〈烏孫、大月氏原居地及其遷徙考〉，陳師慶隆〈論大夏與吐火雞〉，陳厚安與郭守忠合編《甘肅古代史》。

　　日文方面，貴霜帝國種族族別的研究論著，有白鳥庫吉〈烏孫に就いての考〉、〈月氏國の興亡〉、〈西域史上の新研究〉第二「大月氏考」、〈大夏國に就きて〉，羽田亨〈大月氏及び貴霜に就いて〉，安馬彌一郎〈月氏の西方移動に就て〉，白馬庫吉〈中亞史上の人種問題〉，田邊勝美〈仏陀像を刻印したヵニシュヵ一世の貨幣について〉。

　　中文翻譯方面，貴霜帝國種族族別的研究，有馮承鈞譯沙畹原著〈大月氏都城考〉，楊鍊譯藤田豐八原著〈大宛貴山城與月氏王庭〉、〈月氏西移之年代〉、〈月氏烏孫之故地〉，楊鍊譯桑原騭藏原著《張騫西征考》，王崇武譯安馬彌一郎原著〈月氏西遷考〉，楊瑞林譯 A.K.納拉因原著〈月氏五翕侯〉。

　　本文研究方法主要根據漢文文獻史料，首先自貴霜翖侯與大夏國政權及貴霜帝國政權之間演變關係進行各階段的歷史分期。就政治建置，分析其對

於社會經濟以及生活方式等層面影響，歸結月氏族與大夏地方先住民的文化融合。其次，以漢文史料記載西域國家所出現的翎侯建置，歸結出翎侯的官制性質與政治作用。並就東漢許慎《說文解字》以來中國傳統的字書分析翎侯的形音義文字性質，證明翎侯出於外來語的譯音；再配合西方語言學家的考證成果，由語言學估測翎侯官制的語源及其族屬。第三，則由月氏族翎侯語源及族屬的解決，進一步考證月氏族在中國甘肅省考古文物遺存中所顯示的文化內涵，而爲月氏族人種遠源找出西文史料的文獻依據。並由月氏族族屬的判定，深入澄清其與近親支系吐火羅人，雖處於不同時期，卻因同在大夏地方發展，而導致的歷史誤解，使得月氏族在大夏地方發展時間與遷徙途徑得以釐清。第四，就日人根據漢文史料考證月氏族西遷的不同年代，進行原始資料的文獻追蹤，並歸結出合理的遷徙路線與遷徙年代；證明貴霜帝國第一王朝的統治族系確實出於大月氏族；至於貴霜帝國的第二王朝所顯現出的吐火羅文化或大夏地方及印度西北部在各個歷史階段所澱積的文化色彩，則充分展露出貴霜帝國統治下的多元文化與地域文化的特色。

# 第二章　貴霜翎侯的建置與演變

　　貴霜翎侯是貴霜帝國的前身，因此貴霜翎侯的建置背景、建置時間及建置前後大夏地方政治勢力的演變，都是研究貴霜帝國起源的重要因素。

　　本章主要根據《史記》、《漢書》、《後漢書》、《魏書》、《北史》所載西域國家與大夏地方相關資料進行文獻考證，由史料記述內容的差異，分析大夏國統屬關係的階段性演變，並由貴霜翎侯建置前後，大月氏與大夏國在大夏地方的政治勢力變遷，歸結五翎侯是大月氏的官制系統，藍氏城是統屬大夏地方的重要定點城市；大月氏定都藍氏城，並自遊牧移徙的生活方式改變爲農耕定居的生活方式，是造就貴霜帝國的主要關鍵。

## 第一節　貴霜翎侯時代的大夏國

　　貴霜翎侯的名號始見於《漢書》〈西域傳〉：

> 大夏本無君長，城邑往往置小長，民弱畏戰，故月氏徙來，皆臣畜之，共秉漢使者，有五翎侯：一曰休密翎侯……二曰雙靡翎侯……三曰貴霜翎侯……四曰肸頓翎侯……五曰高附翎侯……凡五翎侯，皆屬大月氏。〔註1〕

《漢書》〈西域傳〉指出：貴霜翎侯所領之地爲大夏地方，而大夏國之所以被分爲五個部分，主要出於大月氏的統治需要。

　　《史記》中不曾出現「貴霜」名號，但對大夏、大月氏卻有豐富的資料陳述。在《史記》的資料中，我們可以看出，從張騫通西域到漢與大夏有官方交通路線出現的這段期間（西元前 139 年至西元前 109 年），大夏國有四項

――――――――――――

〔註 1〕 《漢書》〈西域傳〉（鼎文書局），頁 3891。

政治外交上的特質。

　　首先，大月氏並沒有攻滅大夏，大夏只是「臣屬」於大月氏，大夏並沒有亡國。《史記》〈大宛列傳〉中提到：

　　　　大月氏在大宛西可二三千里，居嬀水北。其南則大夏，西則安息，
　　　　北則康居……始月氏居敦煌、祁連閒，及爲匈奴所敗，乃遠去，過
　　　　宛，西擊大夏而臣之，遂都嬀水北，爲王庭。〔註2〕

　　　　大夏在大宛西南二千餘里嬀水南……及大月氏西徙，攻敗之，皆臣
　　　　畜大夏。〔註3〕

其次，大月氏居於阿姆河北岸，大夏居於阿姆河南岸；大夏不僅國名存在，而且有屬於自己的領地。

　　　　大月氏王已爲胡所殺，立其太子爲王。既臣大夏而居，地肥饒，少
　　　　寇，志安樂，又自以遠漢，殊無報胡之心，騫從月氏至大夏，竟不
　　　　能得月氏要領。〔註4〕

　　　　騫身所至者大宛、大月氏、大夏、康居，而傳聞其旁大國五六，具
　　　　爲天子言之。曰：大宛在匈奴西南……其北則康居，西則大月氏，
　　　　西南則大夏，東北則烏孫。〔註5〕

第三，漢在張騫第一次通西域聯大月氏夾擊匈奴的計劃失敗後，便積極的籌畫「以大夏爲外臣」的新策略，竭力開發通往大夏的官方交通路線。說明了大夏臣屬於大月氏的政治統屬關係並不緊密，大夏仍有獨立的外交權。

　　　　騫曰：「臣在大夏時，見邛竹杖、蜀布。問曰：『安得此？』大夏國
　　　　人曰：『吾賈人往市之身毒，身毒在大夏東南可數千里。其俗土著，
　　　　大與大夏同，而卑溼暑熱云，其人民乘象以戰，其國臨大水焉。』
　　　　以騫度之，大夏去漢萬二千里，居漢西南，今身毒國又居大夏東南
　　　　數千里，有蜀物，此其去蜀不遠矣，今使大夏，從羌中，險，羌人
　　　　惡之；少北，則爲匈奴所得，從蜀宜徑，又無寇。」天子既聞大宛
　　　　及大夏、安息之屬皆大國，多奇物，土著，頗與中國同業，而兵弱，
　　　　貴漢財物，其北有大月氏、康居之屬，兵彊，可以略遺設利朝也。

---

〔註2〕 《史記》〈大宛列傳〉（鼎文書局），頁 3161、3162。
〔註3〕 《史記》〈大宛列傳〉（鼎文書局），頁 3164。
〔註4〕 《史記》〈大宛列傳〉（鼎文書局），頁 3158。
〔註5〕 《史記》〈大宛列傳〉（鼎文書局），頁 3159～3160。

且誠得以義屬之，則廣地萬里，重九譯，致殊俗，威德徧於四海。天子欣然，以騫言爲然，乃令騫因蜀犍爲發閒使，四道並出：出駹，出冄，出徙，出邛、僰，皆各行一二千里。其北方閉氐、筰，南方閉巂、昆明。昆明之屬無君長，善寇盜，輒殺略漢使，終莫得通。然聞其西可千餘里有乘象國，名曰滇越，而蜀賈姦出物者或至焉，於是漢以求大夏道始通滇國。初，漢欲通西南夷，費多，道不通，罷之。及張騫言可以通大夏，乃復事西南夷。〔註6〕

是時，漢既滅越，而蜀、西南夷皆震，請吏入朝，於是置益、越巂、牂柯、沈黎、汶山郡，欲地接以前通大夏。乃遣使柏始昌、呂越人等歲十餘輩，出此初郡抵大夏，皆復閉昆明，爲所殺，奪幣財，終莫能通至大夏焉。於是漢發三輔罪人，因巴蜀士數萬人，遣兩將軍郭昌、衛廣等往擊昆明之遮漢使者，斬首虜數萬人而去。其後遣使，昆明復爲寇，竟莫能得通。而北道酒泉抵大夏，使者既多，而外國益厭漢幣，不貴其物。〔註7〕

是後天子數問騫大夏之屬。騫既失侯，因言曰：「……蠻夷俗貪漢財物，今誠以此時而厚幣賂烏孫，招以益東，居故渾邪之地，與漢結昆弟，其勢宜聽，聽則是斷匈奴右臂也。既連烏孫，自其西大夏之屬皆可招來而爲外臣。」天子以爲然，拜騫爲中郎將，將三百人，馬各二匹，牛羊以萬數，齎金幣帛直數千巨萬，多持節副使使大宛、康居、大月氏、大夏、安息、身毒、于寘、扜罙及諸旁國。〔註8〕

第四，漢帝國除了竭力開發各道通往大夏的交通路線之外，在考慮對西域其他國家的外交政策中，也同時考慮到彼政策對漢與大夏關係的影響。足以見得，大夏在漢武帝時期，是中國最希望與之有官方外交上宗藩關係的國家。

既連烏孫，大夏之屬皆可以招來爲外臣。〔註9〕

公卿及議者皆願罷擊宛軍，專力攻胡。天子已業誅宛，宛小國而不能下，則大夏之屬輕漢，烏孫、侖頭易苦漢使矣，爲外國笑。〔註10〕

---

〔註6〕　《史記》〈大宛列傳〉（鼎文書局），頁3166。
〔註7〕　《史記》〈大宛列傳〉（鼎文書局），頁3171。
〔註8〕　《史記》〈大宛列傳〉（鼎文書局），頁3168～3169。
〔註9〕　《史記》〈大宛列傳〉（鼎文書局），頁3168。
〔註10〕　《史記》〈大宛列傳〉（鼎文書局），頁3176。

由《史記》資料顯示，臣屬於大月氏的大夏國，在漢代「張騫鑿空」〔註11〕的官方外交史上，具有獨特性質與重要意義。

## 第二節　大月氏與五翎侯統屬關係的演變

《史記》資料顯示出臣屬於大月氏的大夏國，在張騫通西域時，不僅國名存在，且擁有自己的版圖領域，也具有獨立自主的外交權，並且是中國官方最希望爭取的國家。但是何以《史記》只提到臣屬於大月氏的大夏國，卻絲毫未提及《漢書》記載所稱大夏地方的五翎侯呢？關於這個問題，可能出自以下三種原因中的一項原因。

第一，《史記》成書以前，或在張騫兩次通西域的期間，大夏國仍未被分爲五翎侯。

第二，司馬遷、張騫和張騫的副使，當時皆不知大夏已被分爲五翎侯。

第三，《史記》成書時，漢已知大夏國的統屬狀況，只是對於大夏地方翎侯的建置，翎侯的名稱，翎侯的數目並不十分了解。

《史記》曾指出：

　　將軍張騫，以使通大夏，還爲校尉。〔註12〕

　　騫從月氏至大夏，竟不能得月氏要領。〔註13〕

　　騫身所至者大宛、大月氏、大夏、康居。而傳聞其旁大國五六，具
　　爲天子言之。〔註14〕

《史記》對大夏國的記載，是憑藉張騫親身經歷得來的智識；張騫既已身至

---

〔註11〕《史記》〈大宛列傳〉（鼎文書局），頁3169。
　　　　依裴駰《史記集解》稱：
　　　　蘇林曰：「鑿，開；空，通也。騫開通西域道。」
　　　　依司馬貞《史記索引》稱：
　　　　謂西域險阨，本無道路，今鑿空而通之也。
　　　　陳師慶隆於〈論「張騫鑿空」〉一文中（《中央研究院第二屆國際漢學會議論
　　　　文集》民78年6月），指出所謂「張騫鑿空」並不是指西域地理道路上的開
　　　　拓。因爲在張騫之前，西域各國早已有民間交通存在；但官方使者得以持節
　　　　遞國書，能夠在各國間順利的出入，則始於張騫。因此「張騫鑿空」，是指官
　　　　方外交路線的開拓，而不是指民間道路的開發。
〔註12〕《史記》〈衛將軍驃騎列傳〉（鼎文書局），頁2944。
〔註13〕《史記》〈大宛列傳〉（鼎文書局），頁3158。
〔註14〕《史記》〈大宛列傳〉（鼎文書局），頁3164。

大夏國，對於五翖侯的設置卻不知其事，是不太可能的。因此，第二項原因成立的可能性並不太高。

另外，《史記》對於大夏國的國情，曾有如下的說明：

> 天子既聞大宛及大夏、安息之屬皆大國，多奇物，頗與中國同業，而兵弱，貴漢財物，其北有大月氏、康居之屬，兵彊，可以賂遺設利朝也。〔註15〕

> 大夏在大宛西南二千餘里媯水南。其俗土著，有城屋，與大宛同俗。無大（王）〔君〕長，城邑往往置小長。其兵弱，畏戰、善賈市。及大月氏西徙，攻敗之，皆臣畜大夏。大夏民多，可百餘萬，其都曰藍市城，有市販賣諸物，其東南有身毒國。〔註16〕

以上史料，不僅指出大夏的地理位置在大月氏之南，大夏是一個「有城郭」、「土著」定居而「善賈市」且商業興盛的民族，更指出大夏是一個有百萬餘人民的大國，而這個大國的政治統屬仍維持印歐民族土邦〔註17〕的傳統，「無大（王）〔君〕長，往往城邑置小長」的統治型態，也就是說，《史記》時期的大夏國，是被各小邦所分割，而這些土邦的統治者實際上是獨立的。

是以，在《史記》成書以前，大夏國政治實體，是由許多位於波斯帝國時代巴克特利亞省（Bactria）地域範圍內，許多彼此之間互不統屬的小土邦在大夏地方（Batria）所構成的大國。此時，大月氏雖已成為大夏地方的宗主國，

---

〔註15〕《史記》〈大宛列傳〉（鼎文書局），頁3166。

〔註16〕《史記》〈大宛列傳〉（鼎文書局），頁3164。

〔註17〕所謂土邦政治，係指由世襲國王──羅闍（Rajan，梵文作 राजन्）所進行的部族統治，羅闍即《史記》所指的「城邑置小長」，此種「小長」大多統治印度邊區國勢較弱的王國。

羅闍的宗室，皆為武士，後來發展成為王系的武士家庭（Rajanya，梵文作 राजन्य），成為印度四姓階級中的第二階級剎帝利（Kshatriya，梵文作 क्षत्रिय）武士階級。

羅闍土邦國王的性質與貴霜帝國國王的性質不同，土邦國王統治之下，人們對於「王」的觀念仍是「人」，也就是將「王」視為地位優於一般人的「人」。貴霜帝國國王則採用「天子」（devaputa，梵文作 देवपुत्र）頭銜，合「神」（deva，梵文作 देव）與「兒子」（putra，梵文作 पुत्र）為一字，含有「君權神授」的皇帝性格。

此外，羅闍土邦國王只要擁有軍隊、物資實力就可以成立王國，其所形成的王國格局較小。至於貴霜帝國國王則以「天子」的宗主權統治四分五裂的羅闍土邦王國，統領的地域與王權皆較為廣大。

但大夏地方的小土邦與大月氏的統屬關係仍是很鬆散的。由《史記》所記載張騫聯大月氏夾擊匈奴而不能得月氏要領，漢武帝轉而以交通大夏爲開發西域的主要目的，可以証明大夏在《史記》時期並不像一般史家想像中處於名存實亡的狀態。大夏地方的土邦，在外交上仍不受其宗主國——大月氏的羈縻，他們仍有獨立自主的外交權，而《史記》之所以未提及五翕侯，可能出於第一項原因；即在張騫出使期間，大夏地方尚未形成五個勢均力敵的大勢力。在這種情況下，張騫如同第三種原因所述，僅將大夏國的土邦統屬狀況向漢武帝作了一些說明。以上，是《史記》成書時期，大夏地方土邦政權名義上屬於大月氏，而實際上政治外交獨立自主的情況。

而在《漢書》時期，大夏地方出現了五翕侯的國名。

> 大夏本無君長，城邑往往置小長，民弱畏戰，故月氏徙來，皆臣畜之，共秉漢使者，有五翕侯：
>
> 一曰休密翕侯，治和墨城，去都護二千八百四十一里，去陽關七千八百二里；
>
> 二曰雙靡翕侯，治雙靡城，去都護三千七百四十一里，去陽關七千七百八十二里；
>
> 三曰貴霜翕侯，治護澡城，去都護五千九百四十里，去陽關七千九百八十二里；
>
> 四曰肸頓翕侯，置薄茅城，去都護五千九百六十二里，去陽關八千二百二里；
>
> 五曰高附翕侯，治高附城，去都護六千四十一里，去陽關九千二百八十二里；
>
> 凡五翕侯，皆屬大月氏。〔註18〕

以上五翕侯的國名，《漢書》均置於「大夏條」下，在「大月氏條」下僅記載著：

> 月氏乃遠去，過大宛西，擊大夏而臣之，都嬀水北爲王庭。〔註19〕

《漢書》在「大夏條」下，對於大月氏與大夏的關係，也僅提及「大夏本無君長，城邑往往置小長，民弱畏戰，故月氏徙來，皆臣畜之」。「凡五翕侯，皆屬大月氏」而這種「臣畜」、「臣屬」的關係，並不表示五翕侯是出自大月

---

〔註18〕《史記》〈西域傳〉（鼎文書局），頁3891。
〔註19〕《史記》〈西域傳〉（鼎文書局），頁3891。

氏所刻意劃分出的行政建置，更不表示五翖侯的統領是由大月氏在嬀水以北的中央王庭所派出的，只能顯示出大夏地方的五個大勢力在名義上已接受大月氏為其宗主國，但大夏與宗主國的關係並不緊密；因此《漢書》將五翖侯的國名與地點的說明仍置於「大夏條」下。

到了《後漢書》成書時期，五翖侯的國名與地點則被置於「大月氏條」下，並且《後漢書》對五翖侯的國名在文字上也有所變更。

> 大月氏國居藍氏城，西接安息，四十九日行，東去長史所居六千五百三十七里，去洛陽萬九千三百七十里。戶十萬，勝兵十餘萬人。初，月氏為匈奴所滅，遂遷於大夏，分其國為休密、雙靡、貴霜、肸頓、都密，凡五部翖侯。後百餘歲，貴霜翖侯丘就卻攻滅四翖侯，自立為王，國號貴霜，侵安息，取高附地，又滅濮達、罽賓悉有其國。丘就卻年八十餘死，子閻膏珍代為王。復滅天竺，置將一人兼領之。月氏至此之後，最為富盛，諸國稱之皆曰貴霜王。漢本其故號，言大月氏云。〔註20〕

《後漢書》未將大夏單獨記述，而將大夏地方的五翖侯列於「大月氏」條下，顯示大夏在東漢時已完全屬於大月氏。

大夏政治實體及所領地域的喪失，更可由《史記》、《漢書》、《後漢書》記述的內容差異，得到階段性演變的具體說明。

第一，《史記》記載大月氏的都城在嬀水之北，而大夏在其南方，當時大夏是個擁有百餘萬人民的大國，大夏的都城在嬀水南方的藍市城。

> 大月氏在大宛西可二三千里，居嬀水北，其南則大夏……始月氏居敦煌、祁連閒，及為匈奴所敗，乃遠去，過宛，西擊大夏而臣之，遂都嬀水北，為王庭。〔註21〕

> 大夏在大宛西南二千餘里嬀水南……大夏民多，可百餘萬，其都曰藍市城，有市販賣諸物。〔註22〕

《史記》成書時代，大月氏與大夏是並列的兩個國家。他們各有各的版圖；大月氏在嬀水之北，大夏在嬀水之南。他們各有各的都城；大月氏都嬀水北為王庭，大夏都嬀水南的藍市城。

---

〔註20〕《後漢書》〈西域傳〉（鼎文書局），頁 2920～2921。
〔註21〕《史記》〈大宛列傳〉（鼎文書局），頁 3161、3162。
〔註22〕《史記》〈大宛列傳〉（鼎文書局），頁 3164。

第二，《漢書》所載大夏地方的五翕侯雖臣屬於大月氏，但其時的五翕侯已各有都城。而《史記》所載的大夏都城藍市城，不但在《漢書》中未被提及仍舊是大夏都城，並且大夏地方所出現五翕侯的都城也都不是藍市城。

> 休密翕侯，治和墨城……雙靡翕侯，治雙靡城……貴霜翕侯，治護澡城……肸頓翕侯，治薄茅城……高附翕侯，治高附城……凡五翕侯，皆屬大月氏。〔註23〕

藍市城在《漢書》之所以未被提及，可能肇因於大夏國的政權變遷及版圖變化。

第三，《後漢書》成之時代，藍氏城成爲大月氏的都城。當時，大夏國國號不再存在，而大夏的地域與大夏的政權可能都歸屬於大月氏。

> 大月氏國都藍市城，西接安息。〔註24〕

第四，《後漢書》時期，大月氏對於五翕侯及屬邦的統治，已趨向於較嚴密的統屬關係。《後漢書》雖未載及大月氏對五翕侯的統治方式，但卻詳細記載了貴霜帝國對身毒土邦的統治方式，由大月氏對身毒土邦的統治方式，我們可以估測出大月氏統領五翕侯的方式。

> 天竺國一名身毒，在月氏之東南數千里。俗與月氏同，而卑溼暑熱……
> 身毒有別城數百，城置長。別國數十，國置王。雖各小異，而俱以身
> 毒爲名，其時皆屬月氏。月氏殺其王而置將，令統其人。〔註25〕

大月氏對身毒土邦的控制是「殺其王而置將，令統其人」；也就是廢除土邦國王，而換上大月氏行政體系中的官吏來治理人民。《後漢書》成書時期，貴霜帝國對大夏地方的治理，估測也是直接派遣王庭中的官吏統治留守才是。因此，《後漢書》可能基於貴霜翕侯出於大月氏的中央王庭，因而在貴霜王朝建立之後，仍稱貴霜王朝爲大月氏。《後漢書》解釋：

> 後百餘歲，貴霜翕侯丘就卻攻滅四翕侯，自立爲王，國號貴霜……
> 月氏自此以後，最爲富盛，諸國稱之皆曰貴霜王。漢本其故號，言
> 大月氏云。〔註26〕

第五，《後漢書》更動《漢書》所列五翕侯的國名，以都密翕侯取代高附翕侯，原因出自大月氏在大夏地方版圖的變動，也就是說，高附國「所屬無

---

〔註23〕《漢書》〈西域傳〉（鼎文書局），頁2920。
〔註24〕《漢書》〈西域傳〉（鼎文書局），頁2921。
〔註25〕《漢書》〈西域傳〉（鼎文書局），頁2921。
〔註26〕《漢書》〈西域傳〉（鼎文書局），頁2921。

常」，在貴霜翎侯攻滅大夏地方的四翎侯時，原本屬於高附翎侯的高附地方已被安息佔領，高附翎侯退到都密之。因此《後漢書》以都密翎侯的名稱取代高附翎侯。《後漢書》所說高附之地「未嘗屬於月氏」，是以大月氏和大夏五翎侯的統屬關係來看，大夏統領高附的時間可能極爲短暫，以致《後漢書》以爲高附之地「未嘗屬於月氏」。《後漢書》記載：

> 初，月氏爲匈奴所滅，遂遷於大夏，分其國爲休密、雙靡、貴霜、肸頓、都密，凡五部翎侯。後百餘歲，貴霜翎侯丘就卻攻滅四翎侯，自立爲王，國號貴霜，侵安息，取高附地……高附在大月氏西南，亦大國也……所屬無常，天竺、罽賓、安息三國強則得之，弱則失之，而未嘗屬於月氏。《漢書》以爲五翎侯數，非其實也。後屬安息，及月氏破安息，始得高附。〔註27〕

總之，貴霜翎侯之名不見於《史記》，張騫兩次通西域時，大夏地方尚未行成五大勢力；而臣屬於大月氏的大夏國，其時仍維持印歐民族傳統的土邦政治統治型態。當時大夏國在大月氏的南方，兩國以嬀水爲界，兩國各有各的都城，大夏都嬀水南方的藍市城，大月氏在嬀水北方建立王庭。到了《漢書》成書時期，大夏地方形成五翎侯，但此時大夏國的都城已不復存在，大夏地方五翎侯的都城也都不在藍市城；而藍市城之所以未被大夏地方的五翎侯建置爲都城，在《漢書》中找不到任何資料足以說明。到了《後漢書》成書時期，大夏國的政治實已經不再存在，「大夏」成爲地名，大夏地方的統治民族成爲大月氏，大月氏改變了原來遊牧傳統以牙帳爲王庭的生活方式，並採用了以往大夏國「土著」、「有城屋、商賈」的生活方式；在生活方式改變之後，也順理成章的接收了原大夏國的都城——藍氏城。

## 第三節　藍市城的建置與貴霜帝國政治社會的改變

關於《史記》所稱大夏國的都城藍市城與《後漢書》所載大月氏的都城藍氏城；《魏書》與《北史》的記載又有不同，《魏書》記載：

> 大月氏國，都盧監氏城，在弗敵沙西，去代一萬四千五百里。〔註28〕

《北史》記載：

---

〔註27〕《漢書》〈西域傳〉（鼎文書局），頁2921。
〔註28〕《魏書》〈西域傳〉（鼎文書局），頁2129。

　　大月氏國，都臟盛氏城，在弗敵沙西，去代一萬四千五百里。〔註29〕
此處所出現的地名藍市城、藍氏城、盧監氏城、臟監氏城，學者們持有兩派
看法。

　　一派認爲：所謂的藍氏城或監氏城，在地點上並不相同；藍市城或監氏
城並不是地名，它的原文可能是印歐語系中的「王城」（Rajan Kanth）。其中
「王」爲梵文的印度土邦酋長「羅闍」（Rajan），也就是《史記》、《後漢書》
中所見的「藍市」。藍氏音譯；「城」爲粟特語中所見的城市專稱。「城」字（Kanth）
常用於中亞地方的城名字尾；西元前四世紀希亞歷山大大帝東征時，便曾使
用撒馬爾干（Samarkand）之名稱呼錫爾河與阿姆河的河間區，〔註30〕因此《魏
書》、《北史》所稱的「監氏」，實際上只是「城市」的音譯。以上，即是此派
學者由語言學考證中亞歷史地名之後，所執持藍市城、藍氏城、盧監氏城、
臟監氏城即指「王城」或「王所居的城市」，並且認定它不是一個特定地名或
特定地點的理由。

　　另一派認爲：藍氏城、藍氏城、盧藍氏城、臟藍氏城的字形不同，主要
出於音譯不同或版本訛誤脫落，它所意指的地點卻是一樣的。張星烺即執持
此種看法，並進一步考證臟監氏城即《元史》所載的昔刺思（Serakhs），地點
在海里魯特河（Herirud）畔。〔註31〕

---

〔註29〕《北史》〈西域傳〉（鼎文書局），頁 3226。
〔註30〕桑原騭藏著；楊鍊譯：《張騫西征考》（台北：商務，民 58）（台一版），頁 98～99。
　　　　文中指出：
　　　　「予以《漢書》之監氏〔，〕當爲伊蘭語中『街』之意義，即 kand 或 kent
　　　　之音〔。〕因此，可擬其地爲〔撒馬兒罕〕Samarkand 矣。
　　　　Smarkand 者，由亞歷山大王時代之 Maracanda 而著名，乃中央亞細亞最古都
　　　　會之一……則 Smarkand 亦可單呼爲 kand，…故以監氏城擬定爲 Smarkand 與
　　　　大月氏、大宛之里數皆無矛盾，且與都嬀水北爲王庭之句，亦一致矣。」
　　　　按：桑原騭藏認爲監氏城的「監」即印歐語中的 kand 或 kent，實有此可能。
　　　　但將 kend 或 kent 當做 Smarkand 的簡稱，從而認爲監氏與藍氏爲不同的兩個
　　　　地點，則有待商榷，因 Kand 不只用於 Smarkand 的字尾，中亞地名亦常出現
　　　　以 Kand 字尾的地名出現，而這些地名則地點不一，如：
　　　　陳師慶隆著：《「撒馬兒罕」語源考》，《大陸雜誌》第三十九卷第四期（民 58
　　　　年 10 月），頁 29。
　　　　文中指出：「撒馬兒罕」，即 Samar Kand 的對音，Kand 源出粟特語的 Kanth
　　　　意爲「城市」，後經突回語化，變成 Kand，Ken 或 Kent。中亞地名如塔什干
　　　　（Tas-Kend，意爲「石城」），綠城（Con-Kend），皆以 Kend 爲字尾，用於城
　　　　市專名之後。
〔註31〕張星烺：《中西交通史料彙編》五〈古代中國與西部土耳其斯坦之交通〉，原

　　藍市城與監市城的爭議問題，實際上也就是大夏，大月氏的都城問題，以及大月氏、大夏彼此活動地域或版圖是否重疊的問題。這個問題在不同的時間，有不同的演變與發展。因此，對於以上兩派的看法，實在有澄清的必要。關於藍市城或監氏城地點及都城性質的問題，我們可以從以下幾個觀點來討論。

　　首先，大夏與大月氏在《史記》成書時期，非但都城地點不同，都城的性質也不相同。由《史記》記載中可發現，大夏所定都的藍市城是一個農商定居的定點城市。

> 大夏在大宛西南二千餘里媯水南，其俗土著，有城屋，與大宛同俗……大夏民多，可百餘萬，其都曰藍市城，有市販賈諸物。〔註32〕

大月氏在媯水北所建的王庭，則為類似匈奴的遊牧式牙帳。

> 大月氏在大宛西可二三千里，居媯水北……行國也，隨畜移徙，與匈奴同俗，控弦之士可一二十萬……始月氏居敦煌、祁連閒，及為匈奴所敗，乃遠去，過宛西，擊大夏而臣之，遂都媯水北，為王庭，其餘小眾不能去者，保南山羌，號小月氏。〔註33〕

由於大月氏與匈奴同俗，《史記》記載大月氏建立的「王庭」性質，可自〈匈奴列傳〉對單于王庭的記載中略窺一二。

> 諸左方王將居東方，直上谷以往者，東接穢貊、朝鮮；右方王將居西方，直上郡以西，接月氏、氐、羌；而單于之庭直代、雲中……各有分地，逐水草移徙。〔註34〕

此段資料顯示，單于庭也和諸王將一樣，是遊牧式的牙帳王庭；它仍然受到遊牧生活方式的限制，需要「逐水草移徙」。但大體上單于王庭位置居於各王將的中央，受各王將的保護。單于王庭移徙的地域大致仍固定在代和雲中的範圍之內。基於匈奴王庭是一個活動式的牙帳王庭，因此匈奴帝國各部落定期聚會時，只有在各酋長一年一度朝見單于時才至單于王庭，其他重要的大聚會則在龍城、蹏林等固定地點舉行。《史記》〈匈奴列傳〉記載：

> 歲正月，諸長小會單于庭，祠、五月，大會龍城，祭其先、天地、鬼神、秋，馬肥，大會蹏林，課校人畜計。〔註35〕

著成於民十五年（台北：世界書局重印，民72年5月）（三版）。
〔註32〕《史記》〈大宛列傳〉（鼎文書局），頁3164。
〔註33〕《史記》〈大宛列傳〉（鼎文書局），頁3161、3162。
〔註34〕《史記》〈大宛列傳〉（鼎文書局），頁2891。
〔註35〕《史記》〈大宛列傳〉（鼎文書局），頁2892。

司馬貞《史記索隱》中也解釋匈奴王庭性質如下。

　　案：謂匈奴所都處爲「庭」。樂產云：「單于無城郭，不知何以國之。穹
廬前地若庭，故云庭」。〔註36〕

　　以上資料顯示，匈奴的遊牧王庭仍是活動式的牙帳。因此主張大月氏在嬀
水北所建的王庭是定點城市，或認爲匈奴單于王庭是定點城市，都不正確的。
此外，月氏族西遷後「其餘小眾不能去者，保南山羌，號小月氏」，〔註37〕也未
見其建立都城，可見大月氏在遷至阿姆河北岸之時，依舊維持著遊牧部落的牙
帳統治方式，不曾建置定點的王城。

　　其次，藍市城、藍氏城、盧盛氏城、臘監氏城所指的地點不但相同，而
且所指的地點是一個定點城市。此定點城市的城名可能出自印歐語系的「王
城」，而此「王城」出於大夏國的農商文化傳統，爲一定點城市；因出於大夏
國的政治傳統，故爲大夏國首都所在地。至於大月氏，則僅在《後漢書》成
書時期一度定都於此「王城」，到了貴霜帝國建立發展之後，便有西遷首都之
舉。

> 大月氏國，都盧監氏城，在弗敵沙西，去代一萬四千五百里，北與
> 蠕蠕接，數爲所侵，遂西徙都薄羅城，去弗敵沙二千一百里。其王
> 寄多羅勇武，遂興師越大山，南侵北天竺，自乾陀羅以北五國盡役
> 屬之。〔註38〕

從大月氏新西遷的都城「薄羅城」城名與藍市城或監氏城聲韻上不具備任何
對音的情形來看，藍市城或監氏城不是「王城」的泛稱，它是一個定點城市。

　　第三，大月氏定都藍市城之後，開始改變遊牧型態爲定居型態的生活方
式，此外在貴霜帝國創建之後，先是定都在藍市城，後因國土版圖擴大而定
都於薄羅城，開始有了建立首都的政治傳統。

　　第四，藍市城、藍氏城、盧監氏城、臘監氏城，先爲大夏國都，後爲大
月氏所建貴霜帝國的首都，此城的位置或地點，目前仍無定論。張星烺根據
《元史》史料考證監氏城爲昔刺思（Serakhs），是依後起資料考證前代地名，
忽視了語音流變的問題。由於語言隨著時間流逝會產生「音變」的問題，再
加上中亞突厥化和回教化之後，一些地名配合著突厥文法而產生音韻或音節

---

〔註36〕《史記》〈大宛列傳〉（鼎文書局），頁 2892。
〔註37〕《史記》〈大宛列傳〉（鼎文書局），頁 3162。
〔註38〕《魏書》〈西域傳〉（鼎文書局），頁 2275。

方面的變化。因此，想要推測藍市城的地點，則應自東漢或東漢以前的史料來找尋原地名；依據《元史》史料考證類似臘監氏城聲韻的地名，則有偶合孤證之嫌，不足以代表藍市城的確切地點。

　　是以，五翎侯時期的大夏國在政治上、文化上自有其演變的軌跡，而此道演變的軌跡又受到大月氏政治流治的深切影響。因此貴霜帝國的形成與大月氏由中央王庭派遣官吏控制五翎侯，進而定居藍市城及薄羅城，並展開以首都為帝國基地的擴張事業，有著密不可分的關係。

# 第三章 翖侯與翕侯的建置傳統

　　貴霜帝國是以貴霜翖侯的官制名號為國號，因此貴霜翖侯的建置傳統與貴霜帝國統治階層的族系有密切的關係。

　　本章根據《史記》、《漢書》、《後漢書》、《魏書》、《北史》、《新唐書》所載西域諸國的翖侯史料，分析翖侯官制性質，歸結其人選多為親王，其職責在於為君王獻計定謀略。再就翖侯的形音義考證翖侯的語源，證明翖侯的不同字形來自相同字首，且其字義與中國傳統的字義不相聯繫。因此，翖侯是外來語。可能出自印歐語系之中的粟特語。最後，將翖侯的建置做一時空及族系的定位；在時間方面，翖侯的官置建置最早約出現於西元前後的中西文獻史料中，而其所出現的地域則為印歐民族活動的地區。

## 第一節　漢代西域國家的翖侯建置

　　漢代西域國家翖侯或翕侯的官制建置，主要見於匈奴、烏孫、康居的正史史料。

　　一、在匈奴資料中所出現的「翕侯」，以胡人趙信的相關記述為主。

　　　其明年春，漢復遣大將軍衛青將六將軍，兵十餘萬騎，乃再出定襄數百里擊匈奴，得首虜前後凡萬九千餘級，而漢亦亡兩將軍，軍三千餘騎。左將軍建得以身脫，而前將軍翕侯趙信兵不利，降匈奴。趙信者，故胡小王，降漢，漢封為翕侯，以前將軍與右將軍并軍分行，獨遇單于兵，故盡沒。單于既得翕侯，以為自次王，用其姊妻之，與謀漢。信教單于益北絕幕，以誘罷漢兵，徼極而敗之，無近

-19-

塞。單于從其計，其明年，胡騎萬人入上谷，殺數百人。〔註1〕

將軍趙信，以匈奴相國降，爲翕侯。武帝立十七歲，爲前將軍，與單于戰，敗，降匈奴。〔註2〕

大將軍青出定襄，……翕侯趙信爲前將軍，衛尉蘇建爲右將軍，……前將軍故胡人，降爲翕侯，見急，匈奴誘之，遂將其餘騎可八百，奔降單于。〔註3〕

將軍蘇建，……以右將軍再從大將軍出定襄，亡翕侯，失軍，當斬，贖爲庶人，其後爲代郡太守。〔註4〕

漢謀曰：「翕侯信爲單于計，居幕北，以爲漢兵不能至。」〔註5〕

天子與諸將議曰：「翕侯趙信爲單于畫計，常以爲漢兵不能度幕輕留，今大發士卒，其勢必得所欲。」……遂至寘顏山趙信城，得匈奴積粟食軍。〔註6〕

是歲，翕侯信死，漢用事者以匈奴爲已弱，不能至。〔註7〕

匈奴史料顯示，曾被漢武帝封爲翕侯的胡人趙信，在降漢前的出身是「故胡小王」、「匈奴相國」，在叛漢後又至匈奴爲「自次王」而位僅在單于之下；匈奴地方還有趙信城的設置，若以匈奴和漢對趙信的待遇來看，翕侯的地位非常高；擔任翕侯的人爲王族，而其有爲君主提供參謀的機會，並對君主的決策有重要。

二、烏孫的翎侯資料，最早見於《漢書》〈張騫傳〉。

臣居匈奴中，聞烏孫王號昆莫、昆莫父難兜靡本與大月氏俱在祁連、敦煌間，小國也。大月氏攻殺難兜靡，奪其地，人民亡走匈奴，子昆莫新生，傅父布就翎侯抱亡置草中，爲求食，還，見狼乳之，又烏銜肉翔其旁，以爲神，遂持歸匈奴，單于愛養之。〔註8〕

唐李奇、顏師古注《漢書》，對翎侯各有如下的解釋：

〔註1〕 《史記》〈匈奴列傳〉（鼎文書局），頁2907、2908。
〔註2〕 《史記》〈衛將軍驃騎列傳〉（鼎文書局），頁2944。
〔註3〕 《史記》〈衛將軍驃騎烈傳〉（鼎文書局），頁2927。
〔註4〕 《史記》〈衛將軍驃騎列傳〉（鼎文書局），頁2943、2944。
〔註5〕 《史記》〈衛將軍列傳〉（鼎文書局），頁2910。
〔註6〕 《史記》〈衛將軍列傳〉（鼎文書局），頁2934、2935。
〔註7〕 《史記》〈匈奴列傳〉（鼎文書局），頁2913。
〔註8〕 《漢書》〈張騫傳〉（鼎文書局），頁2692。

李奇曰：「布就，字也。翎侯，烏孫官名也……」。〔註9〕

師古曰：「翎侯，烏孫大臣官號，其數非一，亦猶漢之將軍爾。而『布就』者，又翎侯中之別號，猶右將軍、左將軍爾。非其人之字，翎與翕同」。〔註10〕

《漢書》〈西域傳〉、〈匈奴傳〉亦出現翕侯，翎侯的記載：

翁歸靡既立，號肥王，復尚楚主解憂，生三男兩女……小女素光爲若呼翎侯妻……宣帝初即位……遣校尉常惠使持節護烏孫兵，昆彌自將翎侯以下五萬騎從西方入，至右谷蠡王庭，獲單于父行及嫂、居次、名王、犁汙都尉、千長、騎將以下四萬級，馬牛羊驢橐駝七十餘萬頭，烏孫皆自取所虜獲……未出塞，聞烏孫昆彌翁歸靡死，烏孫貴人共從本約，立岑陬子泥彌代爲昆彌，號狂王……初，肥王翁歸彌胡婦子烏就屠，狂王傷時驚，與翎侯俱去，居北山中，揚言母家匈奴兵來，故眾歸之，後遂襲殺狂王，自立爲昆彌。〔註11〕

至哀帝建平二年，烏孫庶子卑援疐翕侯人眾入匈奴西界，寇盜牛畜，頗殺其民。單于聞之，遣左大當戶烏夷冷將五千騎擊烏孫，殺數百人，略千餘人，毆牛畜去。卑援疐恐，遣子趨逯爲質匈奴。單于受，以狀聞，漢遣中郎將丁野林，副校尉公乘音使匈奴，責讓單于，告令歸卑援疐質子，單于受詔，遣歸。〔註12〕

《漢書》烏孫資料中有翎侯與翕侯的記載，唐代顏師古在註釋中直接表明翎侯與翕侯相同。但在《史記》相當於《漢書》〈張騫傳〉對於烏孫王昆莫神話般的記載中，卻沒有傳父布就翎侯的人名或官名出現，《史記》載：

臣居匈奴中，聞烏孫王號昆莫，昆莫之父，匈奴西邊小國也。匈奴攻殺其父，而昆莫棄生於野，烏嗛肉蜚其上，狼往乳之。單于怪以爲神，而收養之。〔註13〕

若以《史記》史料爲主，則烏孫的傳父布就翎侯是否眞有其人，則尚待考證。但對於烏孫有翎侯的建置，至少在《漢書》成書時期，則確實出現這種傳說。

〔註9〕《漢書》〈張騫傳〉（鼎文書局），頁2692。

〔註10〕《漢書》〈張騫傳〉（鼎文書局），頁2692。

〔註11〕《漢書》〈西域傳〉（鼎文書局），頁3904～3907。

〔註12〕《漢書》〈匈奴傳〉下（鼎文書局），頁3811。

〔註13〕《史記》〈大宛列傳〉（鼎文書局），頁3169。

並且烏孫國有以親王爲翕侯的政治傳統，至遲在《漢書》成書時期業已形成。

三、康居的翕侯資料，以及政治上小王分封的建置情形；《漢書》記載：

> 會康居王數爲烏孫所困，與諸翕侯計，以爲匈奴大國，烏孫素服屬之，今郅支單于困阨在外，可迎至東邊，使合兵烏孫以立之，長無匈奴憂矣。即使使至堅昆通語郅支。郅支素恐，又怨烏孫，聞康居計，大說，遂與相結，引兵而西。康居亦遣貴人，橐它馬數千匹，迎郅支。郅支人眾中寒道死，餘財三千人到康居。其後，都護甘延壽與副陳湯發兵即康居誅斬郅支，語在延壽、湯傳。〔註14〕

> 故宗正劉向上疏曰：「……西域都護延壽，副校尉湯承聖指，倚神靈，總百蠻之君，攬城郭之兵，出百死，入絕域，遂蹈康居，屠五重城，搴歙侯之旗，斬郅支之首……」。〔註15〕

> 康居有小王五：

> 一曰蘇薤王，治蘇薤城，去都護五千七百七十六里，去陽關八千二十五里；

> 二曰附墨王，治附墨城，去都護五千七百六十七里，去陽關八千二十五里；

> 三曰窳匿王，治窳匿城，去都護五千二百六十六里，去陽關七千五百二十五里；

> 四曰罽王，治罽城，去都護六千二百九十六里，去陽關八千五百五十五里；

> 五曰奧鞬王，治奧鞬城，去都護六千九百六里，去陽關八千三百五十五里；

> 凡五王，屬康居。〔註16〕

康居國所見的翕侯，也如同投降匈奴的翕侯趙信一樣，曾爲其君王獻計定謀略。這些策略，不僅爲本國帶來了政治外交上的利益，同時也影響到西域諸國整個大勢。可見翕侯爲君王提供參謀的情形，各國是一致的。康居設有五小王的建置，而此五小王在《漢書》〈陳湯傳〉劉向上疏的文章中，則以「遂蹈康居，屠五重城，搴歙侯之旗，斬郅支之首」的記述，表明五小王與五重

---

〔註14〕 《漢書》〈匈奴傳〉下（鼎文書局），頁 3802。

〔註15〕 《漢書》〈陳湯傳〉（鼎文書局），頁 3017。

〔註16〕 《漢書》〈西域傳〉（鼎文書局），頁 3894。

城中的五翕侯是相同的。

因此，以《漢書》對西域諸國如烏孫、康居的記載來看，翕侯、歈侯與五小王的建置，已近似於《漢書》所述大夏國臣屬於大月氏的五翖侯建置。只是「翕侯」名號始自《史記》，「翖侯」的名號始自《漢書》，而《漢書》中又同時出現了「翕侯」、「歈侯」、「翖侯」的名號，因此雖然官制性質類似，仍需就語源和官制傳統來考量。

## 第二節　翖侯的語源

《史記》述及胡小王趙信，降漢後被封爲翕侯，翕侯趙信又叛漢而投降匈奴，在單于身邊擔任獻策參謀的工作，協助匈奴單于設計對漢作戰的特殊戰略。《漢書》述及烏孫時，有「傅父布就翖侯」照顧烏孫王遺孤昆莫的記載；此外在漢哀帝時，烏孫王庶子卑援疐也冠有「翕侯」的名號。《漢書》述及康居時，曾提及康居王身邊的一些翕侯獻計聯合北匈奴郅支單于對抗烏孫；而康居有五小王的建置，並且在陳湯出征康居時曾「屠五重城，奪歈侯之旗」。可見自《漢書》以來，已將《史記》中的「翕侯」與《漢書》中述及大月氏的「五翖侯」，烏孫的「翖侯」、「翕侯」，康居的「翕侯」、「五小王」、「歈侯」等名號；作了文字字形上雖不相同，但在官制性質上卻又一致的分別敘述。

中國正史所見的翖侯或翕侯官制，以傳統文字學考量，可發現：

東漢許愼《說文解字》中，沒有收錄「翖」字；而「翕」與「歈」字，雖在字形、字義上不相同，在字音方面則是同音字。《說文解字》載：

　　翕，起也，從羽合聲。〔註17〕

　　歈，縮也，從欠翕聲。〔註18〕

再就宋本《廣韻》來看，翖、翕、歈同屬入聲二十七緝韻，〔註19〕三字爲同韻字。

此外，其他字書亦載有翖、翕、歈、翖四字的字音及字義。

在字音方面：

1. 梁顧野王《玉篇》載，翖同翕。

---

〔註17〕《說文解字》（台北：黎明，民63年）四篇上，頁140。
〔註18〕《說文解字》（台北：黎明，民63年）八篇下，頁418。
〔註19〕《宋本廣韻》（台北：黎明，民65年），頁533。

2. 宋丁度《集韻》載，翕與歙皆爲「迄及切」，聲韻皆同。

在字義方面：

1. 翕字有起、合、斂、聚、引等字義，如：

（1）《書》〈皋陶謨〉出現「翕受敷施」。

（2）《詩》〈小雅〉出現「兄弟既翕」、「維南有箕，載翕其舌」。

（3）《易》〈繫辭〉出現「天坤，其靜也翕」。

2. 歙字除與翕字有相同的字義外，尚有斂氣、林木鼓動、興盛等字義，如：

（1）《老子》〈道德經〉出現「將欲歙之，故必張之」。

（2）《淮南子》〈精神訓〉出現「開閉歙張，各有經紀」。

（3）《漢書》〈韓延壽傳〉出現「郡中歙然」。

（4）《漢書》〈匡衡傳〉出現「歙然歸仁」。

（5）張衡《應閒》出現「于進苟容，我不忍以歙肩」。

（6）司馬相如《上林賦》出現「薌菶卉歙」。

（7）王延壽《魯靈光殿賦》出現「皓壁皜曜以日照，丹柱歙赩以電炡」。

3. 翎字的字義如下：

（1）梁顧野王《玉篇》稱「翎，同翕」。

（2）宋《類篇》稱「翎爲西域諸國官名，有翎侯」。

4. 翎字的字義如下：

（1）《說文新附字形》稱「翎，羽也」。

（2）梁顧野王《玉篇》稱「翎，箭羽也」。

基於「翎」字爲後起字，而「翕」、「歙」、「翎」三字同音同韻但字義各不相同；因此「歙侯」可能出於音譯，而「翎」與「翎」的混稱則出於字形相近所造成的版本差異。至此，我們可以歸結出幾個論點：

第一，中國正史所載西域諸國的翎侯、翕侯、歙侯、翎侯字形雖不相同，但名號則可能同出一源，而其分封建置的情況各國也大體類似。

第二，翎、翕、歙、翎四字中，除了「翎」爲「翎」的字形訛誤之外，其他三字字音完全相同。

第三，翎、翕、歙、翎四字的字義完全不同；「翎侯」是專名，與中國傳統文字找不到字義相同或合理解釋的文字聯繫關係。

第四，中國史料所見的西域翎侯建置，在字形與字義方面皆不相同，並

且不能與中國文字的傳統意義相互聯繫，而僅在字音上出現了統一的情形；可能出於翎侯爲外來語，正史僅就語言的字音轉譯記錄，方才產生了字形或字義的差異。

　　關於翎侯的語源，德人夏德（H. Hirth）曾考證：貴霜帝國建國君主丘就卻的稱號 Yavaga 即是漢文史料中「翎侯」的對音。而唐代突厥官制中的「葉護」對音 Yabghu 可能與漢代西域國家的「翎侯」Yavaga 語源相同。陳師慶隆更進一步考證翎侯、葉護的語源，認爲出自中亞地方的粟特古國。粟特古國考古文物被估測存於西元前一千年至五百年左右，粟特語在語法上是屬於伊朗語，而粟特文字則源出於閃（Sem）語系的 Aramaic—在西元前六世紀末是波斯 Achaemenes 王朝的官方文字，〔註20〕是以，「翎侯」的語源不出自中國，而出自遠古時代的中亞，並且此一名號長期以來不斷地在中國正史對西域國家的史料記載中出現。

## 第三節　翎侯的建置傳統

　　中國正史所載的西域翎侯建置，最早出現於漢代的大夏、月氏、匈奴、烏孫、康居等相關史料記述，而在漢代以後的翎侯記載，則常環繞於大夏地方的相關史料記述中。

　　丁謙認爲翎侯的置傳統與大夏地方有密切的關係，在《漢書西域傳地理考證》中，他說：

> 大夏舊時各城有小君長。及臣大月氏，大月氏亦因其制，分遣翎侯
> 鎮其地。〔註21〕

此外《魏書》和《北史》的〈西域傳〉中，描述大夏地方的山谷小國時，對翎侯有以下兩段相同的記載，〔註22〕《魏書》稱：

---

〔註20〕 西田龍雄編：《世界の文字》（東京：大修館書店，1981），轉引自掛田良雄《粟特研究》，頁 171。

〔註21〕 （清）丁謙：《漢書西域傳地理考證》；《蓬萊軒地理學叢書》（台北：藝文，民 60 年）（據民四年浙江圖書館校刊本影印），頁 212。

〔註22〕 《魏書》與《北史》的記載因版本不同而內容互有差異。本文以鼎文書局版本爲主，故稱此段史料《魏書》與《北史》記載相同。至於其他版本，如開明書局鑄版，對於大夏地方的翎侯與翕侯則使用不同的字形，《魏書》〈西域傳〉（開明書店鑄版）頁 2128、2129 記載：
　　伽倍國，故休密翕侯，都和墨城，在莎車西，去代一萬三千里，人居山谷間。

伽倍國，故休密翕侯，都和墨城，在莎車西，去代一萬三千里，人居山谷間。

折薛莫孫國，故雙靡翕侯，都雙靡城，在伽倍西，去代一萬三千五百里，人居山谷間。

鉗敦國，故貴霜翕侯，都護澡城，在折薛莫孫西，去代一萬三千五百六十里，人居山谷間。

弗敵沙國，故肸頓翕侯，都薄茅城，在鉗敦西，去代一萬三千六百六十里，居山谷間。

閻浮謁國，都高附城，在弗敵沙南，去代一萬三千七百六十里，居山谷間。〔註23〕

《北史》記載：

伽倍國，故休密翕侯，都和墨城，在莎車西，去代一萬三千里，人居山谷間。

折薛莫孫國，故雙靡翕侯，都雙靡城，在伽倍西，去代一萬三千五百里，居山谷間。

---

折薛莫孫國，故雙靡翕侯，都雙靡城，在折薛莫孫西，去代一萬三千五百里，人居山谷間。

鉗敦國，故貴霜翕侯，都護澡城，在折薛莫孫西，去代一萬三千五百六十里，人居山谷間。

弗敵沙國，故肸頓翕侯，都薄茅城，在鉗敦西，去代一萬三千六百六十里，居山谷間。

閻浮謁國，故高附翕侯，都高附城，在弗敵沙南，去代一萬三千七百六十里，居山谷間。

《北史》〈西域傳〉（開明書店鑄版）頁3043記載：

伽倍國，故休密翎侯，都和墨城，在莎車西，去代一萬三千里，人居山谷間，折薛莫孫國，故雙靡翎侯，都雙靡城，在伽倍西，去代一萬三千五百里，居山谷間。

鉗敦國，故貴霜翎侯，都護澡城，在折薛莫孫西，去代一萬三千五百六十里，居山谷間。

弗敵沙國，故肸頓翎侯，都薄茆城，在鉗敦西，去代一萬三千六百六十里，居山谷間。

閻浮謁國，故高附翎侯，都高附城，在弗敵沙南，去代一萬三千七百六十里，居山谷間。

本章第二節正文已對翎侯的相異字形，進行字音及字義的考證，證明翎與翕字字音相同，翎侯、翕侯均爲外來語中不同字形的相同譯音。

〔註23〕 《魏書》〈西域傳〉（鼎文書局），頁2274、2275。

鉗敦國，故貴霜翕侯，都護澡城，在折薛莫孫西，去代一萬三千五百六十里，居山谷間。

弗敵沙國，故肸頓翕侯，都薄茅城，在鉗敦西，去代一萬三千六百六十里，居山谷間。

閻浮謁國，故高附翕侯，都高附城，在弗敵沙西，去代一萬三千七百六十里，居山谷間。〔註 24〕

由《魏書》與《北史》的記載，可知大夏地方一直保持者翎侯的建置傳統。

再就《新唐書》對出於西徐亞（Scythian）族吐火羅（Tokharoi）所作的記載來看，翎侯或葉護的建置傳統亦存於吐火羅民族。《新唐書》〈西域傳〉載：

吐火羅，或曰土豁羅，曰覩貨邏，元魏謂吐呼羅者。

居蔥嶺西，烏滸河之南，古大夏地。與挹怛雜處，勝兵十萬，國土著，少女多男……其王號葉護。

顯慶（AD656～660）中，以其阿緩城爲月氏都督府，析小城爲二十四州，授王阿史那都督……

開元、天寶間數獻馬、騾、異藥、乾陀婆羅二百品、紅碧玻璃，乃冊其君骨咄頓達度爲吐火羅葉護、挹怛王。

其後，鄰胡羯師謀引吐蕃攻吐火羅，於是葉護失里忙伽羅丐安西兵助討，帝爲出師破之……

挹怛國，漢大月氏之種。大月氏爲烏孫所奪，西過大宛，擊大夏臣之。治藍氏城。大夏即吐火羅也。〔註 25〕

《新唐書》指出吐火羅居於古大夏地，有葉護的官制建置，而漢代的大夏國即是吐火羅國。關於《新唐書》所稱「大夏即吐火羅也」，陳師慶隆於〈論大夏與吐火羅〉一文中曾指出：

吐火羅領地與古大夏同，並不指民族或語言相同。易言之，大夏即吐火羅斯坦、突厥斯坦，即今俄屬中亞……大夏與吐火羅只是佔據的地方相同，語源則不同……據 Starbo 的《地理書》：Dahae 西徐亞住在海東邊，再往東分別住有 Masgaetae 及 Sacae；其餘部族通稱爲西徐亞。但是每一分支都有其專有名稱。大部分屬遊牧民族。最有

〔註 24〕《北史》〈西域傳〉（鼎文書局），頁 3225、3226。
〔註 25〕《新唐書》〈西域傳〉（鼎文書局），頁 3652～3653。

名的是 Asioi，Pasiani，Tochari 及 Sacarauli。他們都來自葯殺水的北
岸……

《新唐書》〈西域傳〉因此記載：「大夏即吐火羅也。」史家不察，
以爲吐火羅即是大夏的同名異譯，這完全是穿鑿附會。吐火羅乃西
徐亞遊牧民族的一支，原居葯殺水北岸；大夏則是嬀水南岸的定居
民族。兩者的方言也不同，大夏的上古音讀 Dargrav 與 Tokhara（吐
火羅）本音相去甚遠……大夏與吐火羅同屬伊蘭族，音聲相近，實
則不相同的兩支。其一定居畏戰，另一遊牧善戰；兩者方言也不同。
〔註26〕

陳師慶隆指出：吐火羅與大夏在人種上是印歐語系的不同分支；他們的民族
性並不相同，吐火羅遊牧善戰，大夏定居畏戰；但是大夏與吐火羅曾在不同
時期居住在相同的一塊地域，即是大夏地方，或稱吐火羅斯坦、突厥斯坦，
也就是今天俄屬中亞的地區。雖然陳師慶隆一再強調大夏與吐火羅是兩個不
相同的民族，但正如大月氏與大夏民族的關係一樣，吐火羅民族至大夏地方
成爲統治民族以後，也必然同化於土著民族的農業定居生活方式，並且自《新
唐書》〈西域傳〉可看出吐火羅也擁有類似《漢書》成書時期大夏國「翎侯」
的官制。只是吐火羅的「葉護」官制到底出自吐火羅本身的官制傳統，亦或
出自於統領大夏之後所接受土著民族固有的翎侯官制，則尚須再就時間方面
加以考量。至於《新唐書》載有「吐火羅……其王號葉護」，此葉護若與翎侯
的語源相同，翎侯的建置傳統則需再就吐火羅語流行的時間，及歷史上對吐
火羅民族記載的最早時間加以考量。

吐火羅語與粟特語同屬於印歐語系。吐火羅語在西元五至十世紀曾通行
於西域，比粟特語盛行的時間稍遲，現存的吐火羅文字中含有大量來自突厥
語和梵語的借入文字。

吐火羅民族在漢文史籍中又做兜勒、佉兜勒、吐呼羅、吐豁羅，其中「兜
勒」之名最早見於《後漢書》〈西域傳〉、〈和帝本紀〉中和帝時代的史料。

和帝永元……九年，班超遣掾甘英窮臨西海而還，皆前所不至，《水
經》所未詳，莫不備其風土，傳其珍怪焉。於是遠國蒙奇、兜勒皆
來歸服，遣使貢獻。〔註27〕

---

〔註26〕陳慶隆：〈論大夏與吐火羅〉。
〔註27〕《後漢書》〈西域傳〉（鼎文書局），頁 2910。

（十二年）冬十一月，西域蒙奇、兜勒二國遣使內附，賜與王金印

紫綬。〔註28〕

吐火羅在西文史料中，最早見於史特拉波（Strabo）的《地理書》，文中指出西徐亞（Scythian）共有四族：阿息人（Asioi）、帕西安諾依人（Pasianoi）、吐火羅人（Tokhari）和塞克諾伊人（Sakarauloi）；而陳師慶隆考證這段記載是轉引自西元前二世紀阿波羅德諾（Apollodoros）的書。〔註29〕

由以上分析可知：吐火羅若與兜勒相同，在漢文史料中最早出現於東漢和帝永元十二年，亦即西元六十九年。而在西文史料中，吐火羅首先出現於史特拉波（Strabo）《地理書》，其年代在西元前後；然因其出於轉引阿波羅德諾（Apollodoros）的著作資料，因此可能在西元前二世紀已有吐火羅的相關記載。

此外，陳師慶隆考證翖侯，葉護的對音 Yavaga，Yabghu 的語源爲印歐語系的粟特語。而粟特地方約位於大夏地方的北邊，是印歐民族的起源地區。粟特語在西元前六世紀，曾爲波斯王朝的官方語言。粟特地方在波斯統治權喪失之後，曾爲亞歷山大帝、塞種人、吐火羅人、大月氏人統治過，史特拉波（Strabo）《地理書》所載的吐火羅族，約在西元前二世紀進入粟特地方。然而，由以上資料，只能證明翖侯的建置傳統若就語言學來看，可能早於吐火羅族或吐火羅語的興盛時代。

因此，翖侯的建置傳統到底出自古粟特族（因其語源爲粟特語），亦或由波斯帝國的州長、省長的官制演化而來（因粟特語曾爲波斯帝國官方語言），甚至出於印度雅利安印歐民族的土邦羅闍（Rajan）統治，或出自漢代西域地方匈奴、烏孫、康居史料中的翖侯建置，目前則尚未出現定論。甚至，連翖侯的建置是由中亞向西域傳播，亦或由西域向中亞傳播，都應就各族的起源發展往前追溯。然而，翖侯的建置盛行於西元前後的西漢時代，且此種建置傳統長存於印歐民族的活動地域則是肯定的。

---

〔註28〕《後漢書》〈和帝本紀〉（鼎文書局），頁188。
〔註29〕陳慶隆：〈論大夏與吐火羅〉。

# 第四章　貴霜翎侯統治族系——大月氏的故居與族屬

在漢文史料中，大月氏在大夏地方的發展及其與大夏國的關係如下：

一、《史記》成書時期，大夏土邦政權名義上屬於大月氏；而實際上大夏國有自己的國名，有自己的都城——藍市城，且其政治外交獨立自主。

二、《漢書》成書時期，大月氏在大夏地方的大夏國之下，有所謂五翎侯的官制建置。而此五翎侯各有都城，此時大月氏對大夏國的統治權已增強。

三、《後漢書》成書時期，大月氏奪得大夏故國的首府藍市城，五翎侯屬於大月氏；大月氏創建貴霜帝國之後，五翎侯的領地也歸於貴霜帝國。只是貴霜帝國在大夏地方的版圖較大夏國時代五翎侯的版圖略有更動，貴霜帝國喪失了高附之地而擁有了休密地方。

由以上政權的變化，可以歸結出：大月氏是以行政建置而對大夏地方實行逐步漸進的統治，最後奪得了大夏國的首府藍市城並創建了貴霜帝國。因此若以中文史料來看，貴霜帝國的統治階級出於大月氏是不成問題的。

然而，西文史料中出現大夏國在西元前 139 年（漢武帝建元二年）亡於吐火羅的記載，[註1] 其時張騫尚未通西域。因此，大夏國到底亡於大月氏族，亦或亡於吐火羅族，以至於張騫通西域時所見到的大夏國是否為吐火羅族，亦或吐火羅族為大月氏的本族，皆為研究貴霜帝國起源問題長期存在的爭議。若要撥散這層神祕的迷霧，無可避免的，必須觸及大月氏族系的問題。

本章以《史記》、《漢書》、《史記正義》、《漢書補注》及清代徐松、丁謙

---

〔註 1〕陳慶隆：〈論大夏與吐火羅〉。

與日人桑原騭藏對西域地名的考證爲主，歸結出大月氏在春秋至戰國時代曾在河西走廊的廣大地域活動，而考古挖掘所見河西走廊東部綠洲保存的沙井文化，可以顯示月氏人與印歐族白種西徐亞東支塞人的文化同屬一系。基於月氏人屬於西徐亞人族系，而吐火羅人亦屬於西徐亞人族系，致使少數學者誤認爲貴霜帝國的統治族屬爲吐火羅人。實則，吐火羅人在張騫通西域時雖已控制大夏地方的大夏國，但大夏國在月氏人移徙至阿姆河以北時便受月氏羈縻，亦即吐火羅人曾歸屬於大月氏；大月氏人以翎侯的官制建置和政治首府——藍市城的設立，逐步控制大夏地方而形成貴霜帝國的政治與經貿外交形式，則是在吐火羅人統治大夏國以後的事。

# 第一節　大月氏與河西走廊的沙井文化

　　大月氏自秦末至漢初在西域的發展，完整的被保存於《史記》中。在《史記》〈匈奴列傳〉、〈大宛列傳〉中記載：

　　　當是之時，東胡強而月氏盛。匈奴單于曰頭曼，頭曼不勝秦，北徙。
　　　〔註2〕
　　　騫身所至者大宛、大月氏、大夏、康居，而傳聞其旁大國五六，具爲天子言之，曰……始月氏居敦煌、祁連間，及爲匈奴所敗，乃遠去。〔註3〕

以上資料顯示，大月氏名號出於匈奴頭曼單于的時代，即相當於中國秦末之時。而大月氏的故居之地，以張騫對移徙後大月氏的了解所做的口述資料爲根據，則約位於敦煌、祁連之間的河西地帶。

　　隨後，《漢書》〈西域傳〉承襲《史記》〈大宛列傳〉記載，對大月氏故居之地有以下的描述。

　　　大月氏本行國也，隨畜移徙，與匈奴同俗，控弦十餘萬，故彊輕匈奴。本居敦煌、祁連間，至冒頓單于攻破月氏，而老上單于殺月氏，以其頭爲飲器，月氏乃遠去，過大宛，西擊大夏而臣之，都嬀水北爲王庭。其餘小眾不能去者，保南山羌，號小月氏。〔註4〕

---

〔註2〕　《史記》〈匈奴列傳〉（鼎文書局），頁2887。
〔註3〕　《史記》〈大宛列傳〉（鼎文書局），頁3162。
〔註4〕　《漢書》〈西域傳〉（鼎文書局），頁3890～3891。

《史記》〈大宛列傳〉對月氏故地的記載，只提及「始月氏居敦煌、祁連間」；指出月氏僅在秦漢之際曾在敦煌、祁連之間的地域活動。但到了《漢書》〈西域傳〉對大月氏故居之地的記載則成爲「大月氏本行國也……本居敦煌、祁連間」；亦即將敦煌、祁連之間的地域視爲大月氏起源階段的遊牧活動地區。

《後漢書》〈西羌傳〉則由湟中月氏胡的地望推測大月氏的故居之地。

> 湟中月氏胡，其先大月氏之別也，舊在張掖、酒泉地。月氏王爲匈
> 奴冒頓所殺，餘種分散，西踰蔥嶺。其羸弱者南入山阻，依諸羌居
> 止，遂與共婚姻。及驃騎將軍霍去病破匈奴，取西河地，開湟中，
> 於是月氏來降，與漢人錯居……被服飲食言語略與羌同，亦以父母
> 名姓爲種。其大種有七，勝兵合九千餘人，分在湟中及令居，又數
> 百戶在張掖，號曰「義從胡」。〔註5〕

《後漢書》成書時期的湟中月氏胡，已與漢人錯居，而同化於羌人。此時在張掖居住的義從胡，在生活方式及人種語言和風俗習慣，已與《史記》成書時期記載的大月氏「行國也，隨畜移徙，與匈奴同俗」〔註6〕的大月氏有所不同，因此《後漢書》以湟中月氏胡的地望推測大月氏的故居之地在張掖、酒泉之地，將大月氏與同化於西羌族的小月氏混同在一起，無疑限制了大月氏故地的範圍。

唐張守節《史記正義》於〈大宛列傳〉「始月氏居敦煌、祁連間」之下注曰：

> 初，月氏居敦煌以東，祁連山以西，敦煌郡今沙州。祈連山在甘州
> （今張掖）西南。〔註7〕

此外，《史記正義》於〈大宛列傳〉「是時天子問匈奴降者，皆言匈奴破月氏王」之下注曰：

> 氏音支。涼、甘、肅、瓜、沙等州，本月氏國之地。《漢書》云「本
> 居敦煌、祁連間」是也。〔註8〕

唐張守節於此段注疏中指出，月氏國的活動地域包括涼、甘、肅、瓜、沙等州，亦即包括了敦煌以東直至烏鞘嶺的廣大地區。

---

〔註5〕《後漢書》〈西域傳〉（鼎文書局），頁2899。
〔註6〕《史記》〈大宛列傳〉（鼎文書局），頁3161。
〔註7〕《史記》〈大宛列傳〉（鼎文書局），頁3162。
〔註8〕《史記》〈大宛列傳〉（鼎文書局），頁3157。

　　唐顏師古於《漢書》〈張騫傳〉「臣居匈奴中，聞烏孫王號昆莫。昆莫父難兜靡本與大月氏俱在祁連、敦煌間，小國也」之下注曰：

　　　　祁連山以東，敦煌以西。〔註9〕

顏師古所稱的「祁連山以東，敦煌以西」是指烏孫王難兜靡時期烏孫國的領地，而不是指大月氏的故地。因此，徐松於《漢書西域傳補注》中稱：

　　　　《史記正義》：云「初，月氏居敦煌以東，祁連山以西。」按：張氏蓋以今甘州南山爲祁連也，河西四郡未開時，武威、張掖諸郡，皆在匈奴地，月氏安得居之！故顏君《張騫傳補注》易之曰：「祁連山以東，敦煌以西」。〔註10〕

由於烏孫王難兜靡之時，烏孫是「匈奴西邊小國」，其遊牧活動範圍可能不大。因此，學者費心考證烏孫，月氏的東西位置，實則忽略了月氏在秦漢之際爲大國，烏孫爲小國的實際狀況。烏孫遊牧區域可能只佔月氏活動範圍的一小部分，其故地本在月氏的西側；匈奴勢力興起後，月氏勢衰，烏孫成爲匈奴西邊的小國，近年在敦煌、玉門一帶發現的鱔馬類型文化遺存，據說是烏孫在河西活動期間留下的文化遺存。〔註11〕徐松在《漢書地理傳補注》考證月氏故地是以匈奴興起後的狀況加以估測，並將烏孫故地與月氏故地相互混淆，因此誤以爲唐張守節《史記正義》與唐顏師古《漢書補注》互相衝突。實際上，徐松所注的大月氏地望不僅與張守節不同，與顏師古所注的地望在東西位置方面的主張也完全相反。所提出在河西四郡未開之時武威、張掖領地皆屬於匈奴，固然正確；但在秦代匈奴崛起以前的頭曼單于時期，正是「東胡疆而月氏盛」，〔註12〕因此河西四郡的故地未必全屬於匈奴，可能還控制在大月氏的手中。

　　此外，丁謙《漢書地理考證》稱：

　　　　考月氏本居祁連山北之昭武城，即今甘州府高臺縣地。〔註13〕

丁謙將月氏故地固定在祁連山北的昭武城，亦即甘州府的高臺縣，則忽略了

---

〔註9〕　《漢書》〈張騫傳〉（鼎文書局），頁 2692。

〔註10〕　（清）徐松：《漢書西域傳補注》卷上，頁 39（清道光九年）見《叢書集成新編》第 97 冊。

〔註11〕　郭厚安，陳守忠主編：《甘肅古代史》（甘肅：蘭州大學出版社，1989），頁 132。

〔註12〕　《史記》〈匈奴列傳〉（鼎文書局），頁 2887。

〔註13〕　（清）丁謙：《漢書西域傳地理考證》；《蓬萊軒地理學叢書》（台北：藝文，民 60 年）（據民四年浙江圖書館校刊本影印），頁 212。

月氏在秦漢時代《史記》成書時期「行國也，隨畜移徙，與匈奴同俗」，逐水草而居的生活方式。由於遊牧文明只能在大範圍內畫定活動地域，此與土著農耕或商業性的城市文明是不相同的，所以不能將遊牧民族的活動區域固定在一個定點城市，而應將活動範圍畫定在一個較廣大的區域。

　　類似徐松與丁謙錯誤的考證，也曾出現於日人桑原騭藏的論述中；桑原騭藏於《張騫西征考》中稱：

在《左傳》之昭公九年記：「允姓之姦，居于瓜州」之句。

後魏酈道元之《水經注》中見有解釋此句曰：

《春秋傳》曰：「允姓之姦，居於瓜州」。

杜林曰：「敦煌，古瓜州。（中略）瓜州之戎，并於月氏者也。」

按杜林爲漢初居於河西之學者，對於此方面之地理爲最有信用之人。據杜林曰，《左傳》之允姓之戎所佔之瓜州，即爲漢之敦煌，故居之瓜州之允姓之戎，又因其地名，而名之曰瓜州之戎。依照《水經注》之記載，月氏滅此瓜州之戎而佔據敦煌之地。按月氏之滅瓜州之戎，雖不明其時代，但或爲戰國時代（註：在唐杜佑之《通典》卷百七十四，州郡四，瓜州之記載中，有：「瓜州古西戎地，戰國時爲月支所居」之句，此說不知所本，但近於事實）……

但其間南北朝時代之學者，一般俱信月氏之根據地爲敦煌，此一事實，當可承認。在《舊唐書》之地理志中，明定敦煌爲月氏之故地（註：《舊唐書》卷四十中有敦煌，漢郡縣名，月氏戎之地。《通典》卷百七十四中亦以肅州、瓜州等爲月氏之故地。）吾輩由上述之事實推測，以月氏之根據地，認在河西之西部爲允當，及後在考證烏孫之故地時，當更明確解決此一問題。

月氏原據於河西之西部，但自併吞烏孫後，則東部烏孫之根據地，亦歸月氏，至此河西一帶，均爲月氏之領土矣。引用《史記》之〈匈奴傳〉及〈大宛傳〉之註之《史記正義》中，曾記：「涼、甘、肅、瓜、沙等州，本月氏之地」又《大清一統志》舉甘肅省之涼州府、甘州府、肅州府、安西州一帶之地，爲月氏故地，而指其時代之事實者，始爲妥當之解釋。〔註14〕

〔註14〕桑原騭藏著；楊鍊譯：《張騫西征考》（台北：商務，民58年）（台一版）頁9、

　　然而《大清一統志》原文上的記載，與桑原騭藏的解釋頗有出入，其原文爲：

1. 肅州條——古西戎地，戰國時月氏戎居之，漢初爲匈奴昆邪王分地，正帝元狩二年，開置酒泉郡。

2. 甘州條——戰國時爲月氏地，漢初爲昆邪王地，武帝元鼎六年，置張掖郡。

3. 涼州條——戰國及秦爲月氏地，漢初爲匈奴休屠王地，武帝元狩二年，開置武威郡。

4. 安西州條——古西戎地，春秋時謂爲瓜州，秦時大月氏居之，漢初爲匈奴渾邪王地，元鼎六年，分置敦煌郡。

依《大清一統志》，月氏在秦時於敦煌（安西州）以至武威（涼州）一帶活動，到了戰國時期月氏活動地域略向東移，酒泉（肅州）、張掖（甘州）、武威（涼州）等地皆爲月氏人的領地（見附圖三），因此，所謂「指其時代之事實者」，不能證明敦煌是月氏人唯一的故地；即使以《大清一統志》的後起史料來估測，也不能說戰國時期月氏人僅在敦煌一地活動。

　　由於敦煌在戰國時代甚或更早的時期，曾爲月氏人的活動地帶，並不一定表示河西廣大地域中，不能同時包含烏孫人的遊牧區。因此考古學家仍依傳統文獻，主張在春秋戰國時代月氏大國的活動範圍是遼闊的河西走廊，而烏孫小國則在月氏活動大範圍西側的小片地區遊牧生活。基於文獻肯定春秋戰國之時，河西走廊爲月氏人的活動地區，甘肅省的考古挖掘也出現了被判定爲月氏遺存的沙井文化。

　　自民國十二年至十三年開始，瑞典人安特生與當時中國地質調查所袁復禮等五位學者，在甘肅民勤沙井柳湖墩發現了含有少量彩陶而處於銅石共存的青銅文化遺址，此即沙井文化。其後，伴隨鐵路修建與野外調查工作的展開，沙井文化的遺址和墓葬又陸續出現。〔註 15〕沙井文化遺址的分佈範圍，依河西走廊西北至東南的方位排列，有張掖、永昌、民勤、武威、古浪、天祝、永登（見附圖三），其中永昌三角城遺，經碳十四測定的數據距今爲 2675±100 年（即西元前 725 年，未經樹年輪校正），其時代相當於春秋初期，

---

10、67、68。

〔註 15〕蒲朝紱：〈試論沙井文化〉；《西北史地》，1989：4，頁 1。

而永登榆樹溝沙井文化的墓葬則較晚些，考古學報僅稱年代似應斷在戰國時期，〔註16〕以考古物所存時代加上遺址方位來看，只有永登位於烏鞘嶺的南方，而永登的出土物又較烏鞘嶺北方的永昌出土文物的時代爲晚，因此沙井文化的先民有可能由西北向東南，順著河西走廊而移入漢地。

至於沙井文化的人種，據蒲朝紱估測，認爲有可能出於月氏族。蒲朝紱以爲秦漢以前的河西走廊原是烏孫、月氏的移徙故地；至於匈奴佔據河西地區則是秦末以後的事。因此，從地區和時間來看，考古所發現的沙井文化即是文獻記載中的月氏文化。蒲朝紱稱：

> 據《史記》〈匈奴列傳〉，楚漢之際，冒頓既立，「遂東襲擊東胡」，「西擊走月氏」。由此看出，戰國至秦，匈奴東接東胡，西與月氏爲鄰。否則，上述記載，難以成立和理解。如是，月氏之原居也，就在河西走廊的東端，與古月氏族的原住地正好相符。因此，我們認爲，沙井文化，就是古月氏族的遺存。〔註17〕

隨著考古學的發達，西域民族如匈奴、烏孫、鮮卑的墓葬遺陸續出現，但被判定爲月氏墓葬的文化實在非常罕見。因此，蒲朝紱將沙井文化判定爲月氏遺址，的確爲月氏族的研究帶來新的活力；並提供了大量的原始資料，著實令人歡欣。蒲朝紱將沙井文化判定爲月氏文化的主要論點，則涉及到月氏民族離開河西故地的時間，以及月氏是否爲河西地方原住民的問題。蒲朝紱認爲：

> 一般認爲，月氏離開河西走廊，遷至巴爾喀什湖一帶，是在漢文帝前元年間，這顯然是一種誤解。據《史記》〈匈奴傳〉說，漢文帝前元四年（前176年），冒頓單于遺文帝書曰：「今以小吏之敗約，故罰右賢王，使之西求月氏擊之，以天之福，吏卒良，馬彊力，以夷滅月氏，盡斬殺降下之」。《漢書》〈匈奴傳〉同。這段記述明確說明，月氏在文帝前元四年以前，已遠離河西地區，不然，就不必「罰右賢王使之西求月氏擊之」。由此可見，月氏在楚漢相爭之際，被匈奴驅逐河西，到達巴爾喀什湖一帶，則是可信的。從楚漢相爭開始，上溯秦始皇十七年（前230年），開始滅韓，只有二十四年，就是統

---

〔註16〕甘肅省博物館文物工作隊，蒲朝紱執筆：〈甘肅永登榆樹的沙井墓葬〉；《考古與文物》1981：4，頁35～36。

〔註17〕蒲朝紱：〈試論沙井文化〉；《西北史地》1989年4月，頁8。

一六國的七國之戰國時代。如此推理，月氏在河西的時代，無疑是在春秋戰國間。任何一個古代民族，都有其相對穩定時代，并有與其相鄰的民族或部落互相承認的活動地域，如果沒有這個基本條件，焉能稱得民族或國家。因爲「地者，國之本也」。根據這種情況，研究者認爲，月氏是河西地區土生土長的古老民族，是河西地區最早的開拓者。果如此，月氏在河西地區的時間，應該還早，可到春秋早期至西周晚期。這種分析如果不謬，其時代與碳 14 測定的年代，大體吻合。〔註18〕

由以上資料可以看出蒲朝紱引述楊建新等人的看法，認爲「根據目前材料來看，月氏就是河西地方的老住戶，是河西地區養育出來的一個土生土長的古老民族，同時也是河西地區的最早開發和建設者」。〔註19〕

雖然根據考古出土文物來看，河西地區主要的出土文化是沙井文化，沙井文化以夾沙紅陶爲主的特徵又不同於匈奴以灰陶爲主的文化，而沙井文化的碳測年代證明此一文化存於西周晚期至戰國以後，因此沙井文化被斷定爲月氏文化大致無誤。但若因河西地區主要出土的文化爲沙井文化，而沙井文化又被斷定爲月氏文化，便認爲「月氏族是河西走廊土生土長的古老民族，是河西地區最早的開拓者」，則值得再詳加商榷。甘肅省隴東黃土高原地區自舊石器時代就有人骨化石和骨器出現，到了新石器時代也陸續有大地灣、馬家窯、半山、馬廠、齊家文化出現；而在河西走廊沙井文化的重要遺址地點如永昌、武威、古浪、天祝等地皆有馬家窯文化遺址出現，〔註20〕可見沙井文化不是河西地區的最早的文化。並且，沙井文化與馬家窯文化有很大的不同，特別是表現在特殊墓葬方式上。考古報告稱：

> 豎穴偏洞墓葬，人骨停放于偏洞內，仰身直肢葬，雙足蹬土塊，爲防止填土直接覆壓在屍骨上，洞口縱橫插立木椽，并覆蓋芨芨草，以資封堵。骨架下先鋪白灰，再鋪芨芨草，所有墓葬，無一例外。有極少數墓葬，在白灰之上，又撒赭石顏料，將屍骨染紅，也有用白灰將屍體塗白，連頭骨也塗白。有的人骨蓋芨芨草編蓆或蘆葦編

〔註18〕蒲朝紱：〈試論沙井文化〉；《西北史地》1989 年 4 月，頁 9。
〔註19〕楊建新：《中國西北少數民族史》第三章《月氏族》，頁 74。
〔註20〕譚其驤主編：《中國歷史地圖集》第一冊「黃河流域原始社會晚期遺址圖——新石器時代」（上海：地圖出版社，1982），頁 7～8。

蓆，有的用蘆葦蓆包裹。在少數上層人士墓葬中，將屍骨全部燻烤
（或塗抹）成焦黑色，然后又用蘆葦蓆包裹，應是一種特殊葬俗。
〔註21〕

由於此一特殊墓葬方式，並未出現在以隴東黃土高原遺址爲核心地區的馬家
窯文化；因此不僅可以證明月氏族不是河西走廊的原始土著，同時也爲月氏
族在到達河西走廊活動以前的「東來說」，提出了一些反面的直接證據。

## 第二節　大月氏的東來說與西來說

　　關於月氏族的「東來說」，即認爲月氏族是出自中國北方的古老民族；清
人何秋濤首先在〈王會篇箋釋〉中主張，月氏即是《逸周書》〈王會解〉中的
「禺氏」，而後王國維在〈月氏未西徙大夏時故地考〉中更指出月氏即是《逸
周書》〈王會解〉、《伊尹獻令》中的「禺氏」，也就是《穆天子傳》中的「禺
知」。《觀堂別集》中記載：

> 《逸周書》〈王會解〉、《伊尹獻令》列禺氏於正北。《穆天子傳》：「己
> 亥至於焉居、禺知之平。」禺知亦即禺氏，其地在雁門之西北，黃
> 河之東，與《獻令》合。此二書疑皆戰國時作，則戰國時之月氏，
> 當在中國之正北。《史記》〈大宛列傳〉始云：「月氏居敦煌、祁連
> 閒」，則已是秦漢間事。〔註22〕

雁門爲秦郡，〔註23〕在西漢時爲并州郡北境及長城以南的地方，〔註24〕王國
維主張雁門西北至黃河以東爲月氏故地，中國文獻派學者大都從王氏之說；
何光岳更引述《禹貢》、《尚書》、《淮南子》、《水經注》的魚胞族圖騰神話傳
說，並配合聲韻學將郁夷、禹夷、禺夷視爲月氏族的同名異稱。〔註25〕然而
所憑藉的理論基礎，則僅爲音近和古音或可通轉。考證月氏族同名異稱的說

---

〔註21〕 蒲朝紱：〈試論沙井文化〉；《西北史地》1989：4，頁5。

〔註22〕 王國維：〈月氏未西徙大夏時故地考〉；《觀堂別集》集一（台北：世界書局，
　　　　民72年）（五版），頁1156～1157。

〔註23〕 丁謙：〈漢書匈奴傳地理考證〉；《蓬萊軒地理學叢書》（台北：藝文，民60年）
　　　　（據民四年浙江圖書館校刊本影印），頁18下。

〔註24〕 譚其驤主編：《中國歷史地圖集》第二冊（上海：地圖出版社，1982），頁13
　　　　～14。

〔註25〕 何光岳：〈郁夷、大月氏的來源和遷徙〉；《新疆社會科學》1986年5月，頁
　　　　90～97。

法，往往出於後代注疏的標音需要，於「月」或「氏」字之下，注上「讀若某」或「同某」，如唐代顏師古注《漢書》即稱：

　　1 月氏，西域胡國也，氏音支——《漢書》〈張騫傳〉注。〔註26〕

　　2 氏，音支——《漢書》〈匈奴傳〉注。〔註27〕

　　3 氏，音支——《漢書》〈西域傳〉注。〔註28〕

顏師古所稱的「氏，音支」，並不代表月氏亦可作月支；標音相同，不代表註明月氏具有異稱或故名的意義。但到了清代徐松《漢書西域傳補注》則稱：「《山海經》作月支，支氏通」。〔註29〕可是徐松未引其所見之《山海經》原文，也未註明其所見之《山海經》版本。而《山海經》〈海內東經〉所記：「國在流沙外者大夏、豎沙、居繇、月氏之國」。〔註30〕呈顯出的地理知識，則受到《山海經》成書年代影響，在時代性上則跨越戰國與秦、漢時期，不足以代表月氏的故名或故居之地。是以，月氏「東來說」在文獻上，由於《山海經》所列流沙以外諸國如大夏、月氏等地理知識可能出自秦漢以後所增添的文字，《逸周書》、《穆天子傳》、《伊尹獻令》、《禹貢》、《尚書》、《淮南子》、《水經注》所列舉的族名皆缺乏可靠的內在聯繫；在考古方面也不見月氏族自東向西移至河西走廊的遷徙遺痕。相對的，月氏族自西向東移至河西走廊的說法，便更受到重視。

　　主張月氏族移徙河西走廊以前歷史爲「西來說」，是出於將月氏人視爲西徐亞族（Scythian）中的一個小支族。西徐亞族約在西元前八世紀中葉左右（750～700 B.C）崛起於中亞，西徐亞族是中亞最早懂得使用鐵器的民族，他們起源於何處尚不確定，只知他們曾經出現於南俄大草原，是自西北方向東南移動的一支民族，他們和青銅時代活動於中亞的希美瑞安（Cimmerian）人融合，並取代希美瑞安人在中亞的勢力；西徐亞人在西元前七世紀末的勢力範圍，西至多瑙河口（The mouth of the Danube）。由於西徐亞人曾與希美瑞安人融合，而西美瑞安人是最早見於文獻記載的中亞民族；西元前一千兩百年時希美瑞安人曾征服南俄大草原，在荷馬史詩「奧狄賽」第十一章（Odyssey, XI.

---

〔註26〕《漢書》〈張騫・李廣利傳〉（鼎文書局），頁 2687。
〔註27〕《漢書》〈匈奴傳〉（鼎文書局），頁 3749。
〔註28〕《漢書》〈西域傳〉（鼎文書局），頁 3872。
〔註29〕（清）徐松：〈漢書西域傳補注〉（道光九年）見《叢書集成新編》第 97 冊（台北：新文豐，民 74 年），頁 6。
〔註30〕黃靖：〈大月氏的西遷及其影響〉；《新疆社會科學》1985 年 2 月，頁 101。

Trans. Rieu, Penguin, P.171）曾提及希美瑞安人活動於一個多雲霧的地區，那個地區即相當於北高加索至匈牙利一帶。〔註31〕在希羅多德《史記》中對繼希美瑞安人而起的西徐亞人則有如下的記載：

> 屬於西徐亞人的塞人（Saka），戴著一種高帽子，帽子又直又硬，頭頂的地方是尖的，他們穿著褲子，帶著他們自製的弓和短劍，此外還有他們稱之爲塞利斯的戰斧。〔註32〕

希羅多德以上史來源有兩方面，一是黑海北希臘殖民者從南俄草原遊牧人中所作的了解，另一是來自波斯。而希羅多德把活動於歐亞草原上從喀爾巴阡山往東至頓河，甚至更東的遊牧人通稱爲西徐亞人。〔註33〕而西徐亞人的東支，即是考古所見的塞人（Saka）文化。〔註34〕因此，在希羅多德筆下，裡海、黑海以至錫爾河流域廣大地區的遊牧人，都與塞人有關。在大流士時代（西元前521～486年）的波斯石刻銘文中，可以看出，波斯人把伊朗高原以北中亞各遊牧部落通稱爲塞人，納黑希魯斯塔姆的楔形石刻上，曾提到塞人的三個集團：

一、豪馬文爾格塞人（Saka Haumavarga），義爲帶著所崇拜植物的葉子的塞人。分布於於費爾干納盆地及帕米爾、阿賴嶺等地。

二、提格拉豪達塞人（Saka Tjgrahauda），義爲戴尖帽子的塞人。分布於吉爾吉斯與南哈薩克斯坦的草原地帶，即從帕米爾、阿賴嶺以北，包括塔什干、天山以至巴爾哈什湖以南及西南的楚河、塔拉斯河流域。

三、提艾伊塔拉達拉伊雅塞人（Saka Tyaiytaradraya），義爲海那邊或河那邊的塞人，分布於阿姆河以北，鹹海東南，索格底亞那之地。

在貝希斯敦銘文中，也提到塞人的國家「在海的那邊，那裡的人戴著尖帽子」。〔註35〕傳說此支塞人民族，不斷向東遷移，由新疆、河西走廊進入黃河以北的地區。月氏族若爲西徐亞的支族，則應屬於塞人族屬。

　　塞人自中亞移入新疆，可在新疆出土的考古文化遺存得到證明。由於在

---

〔註31〕Denis Sinor, Inner Asia,Indiana: Indiana University, c1969. pp.79～80

〔註32〕希羅多德：《歷史》（上海：商務，1959），頁660。轉引自王治來：《中亞史》（北京：社會科學出版社，1980），頁21。

〔註33〕王治來：《中亞史》（北京：社會科學出版社，1980），頁18。

〔註34〕Ainslie T. Embree ed., Encyclopedia of Asian History：Prepared under the Auspices of Asia Society, New York：Charles Scribners Sons, c1988.p.367

〔註35〕王治來：《中亞史》（北京：社會科學出版社，1980），頁17。

新疆阿拉溝豎穴木槨墓中發現有小鐵刀與三棱形鐵鏃；在羅布泊地區出土墓
葬中，見到隨身衣物保存完整的乾屍有頭戴尖頂氈帽的情形出現；這些考古
文化都存於戰國時期。〔註36〕因此，基於西徐亞人擅長用鐵及頭戴尖帽的習
俗；有人認爲，塞人在戰國時期已有移入新疆的考古證據。

此外，新疆羅布泊出土墓葬的考古報告稱：

> 值得注意的是每具屍體之頭下胸前，均附一小包麻黃細枝，無一例
> 外。〔註37〕

而此種麻黃細枝入殮的習俗，據黃文弼的研究，認爲與印歐民族的習俗有所
聯繫。

> 古印度伊蘭人有一種信念，認爲這種麻黃，可以產生一種「浩瑪」
> 或「所瑪」（Haoma 或 Soma），是伊蘭人祭祀中的重要物品。若然，
> 則可透見羅布荒原上的這一土著習俗，與古代伊蘭人存在密切的關
> 係。〔註38〕

由以上的資料可知，若主張「月氏西來河西走廊說」，則是將月氏人視同西徐亞
族東支的塞人，在人種上屬於印歐族白種人。在沙井文化中常留有月氏人使鐵
器的遺痕；在不同的沙井文化遺址中，皆陸續有鐵器出現，考古報告顯示：

> 1980 年 1 月，在永登越老灣村的榆樹溝，發現了一座沙井文化墓葬。
> 越老灣在黃河北岸，隔河與西固城相望。墓在大山南的緩坡上。隨
> 葬品豐富，有各種青銅器物，如鷹頭飾、鹿形飾、犬紋飾、渦輪飾
> 等飾件，就有 146 件，以及車轡、鈴和鐵質矛鐏等，還有大量殉牲
> 的馬牛羊頭骨……
> 1976 年發現永昌（現爲金昌市）三角城遺址和蛤蟆墩墓葬……三角城
> 遺址和蛤蟆墩墓葬的挖掘，是沙井文化命名以來第一次發掘……遺址
> 和墓葬出土物共 600 多件。其中有石、角、骨、木、陶、金、銅、鐵、
> 紡織物、皮革、綠松石等等……在永昌雙灣一帶，沙井文化的墓葬發
> 現多處，居住遺址發現一處……出土物有卜骨、紡輪、石斧、鐵器、
> 鬲足和陶片等，非常豐富。有的窖穴內有穀物痕跡。〔註39〕

---

〔註36〕王炳華：《古代新疆塞人歷史鉤沉》，《新疆社會科學》1985 年 1 月，頁 53、56。
〔註37〕王炳華：〈古代新疆塞人歷史鉤沉〉；《新疆社會科學》1985 年 1 月，頁 56。
〔註38〕王炳華：〈古代新疆塞人歷史鉤沉〉；《新疆社會科學》1985 年 1 月，頁 56。
　　　　此爲王炳華根據黃文弼：《羅布泊考古記》的分析。
〔註39〕蒲朝紱：〈論沙井文化〉；《西北史地》1989 年 4 月，頁 1～3。

由於西徐亞人被認爲是中亞最早使用鐵器的民族，沙井文化遺址又陸續出現鐵器；雖然沙井文化遺址中尚未發現有煉鐵的設備，但中國由使用隕鐵轉而進入冷鍛生鐵的時期也大約在春秋至戰國時期，因此我們不能僅由鐵器的使用證明月氏人是西徐亞人的分支；然而沙井文化下的月氏人與西徐亞人皆擅長使用鐵器，卻可由考古物得到證明。此外，西徐亞人在黑海東側庫班河（Kuban）流域一帶出土藝術品也多有山羊、小鹿等奔馳、互鬥、反首的動物圖案，此與沙井文化的鹿形等動物紋飾，在藝術題材上多所類似。雖然我們無法肯定說月氏人便是西徐亞人中的支族塞人（Sakalian）；但考古所見新疆一帶早期塞人（Saka）文化遺存，有擅長使用鐵器並在衣飾方面保有戴三角形尖帽的習俗；以及沙井文化的人們使用鐵器和有動物紋飾的青銅藝術品，可以肯定認爲西徐亞人東支是塞人，且塞人到新疆後又有一部分移居至河西走廊沙井文化的地區。尤其在月氏人「東來河西走廊」的文獻證據已被推翻，考古文物顯示，沙井文化之前自隴東傳至河西的馬家窯遺址的文化內涵，又與沙井文化有顯著的不同；因此，在「東來說」文獻考古皆不成立，「本土說」亦無根據之時，月氏族由中亞遷至河西走廊的可能性便相對的提高。

　　後代研究者雖有主張月氏人「西來河西走廊說」，卻黯於印歐人種支系的龐雜與譯名異稱的繁複，而對月氏族產生如下的誤解：

> 月氏讀者肉支，原屬 Scythians（徐西亞）〔西徐亞〕族，此族係游牧民族，從烏克蘭一帶中國甘肅，均有其足跡，善騎馬，故支族分布廣遠。然因無文字，歷史鮮少提及。其族人擁有阿爾泰山出產之黃金，烏克蘭的穀物和往來商賈獻納之貢物。黃金工藝品精美絕倫，列寧格勒的遁奄博物館陳列甚多。小俄羅斯人之祖先即徐西亞〔西徐亞〕人，然徐西亞〔西徐亞〕族之主幹卻非小俄斯人之祖先，而是中亞之月氏族，此族與華夏有文化，〔、〕血統之密切關係，於九世紀時滅亡……

> 由於證據不足，月氏不可能爲印歐族，然月氏可能是伊蘭種族……然則中亞一帶乃中國所謂之西域，在上古及中古時期，其他〔地〕爲蒙古種人活動之區，如匈奴、烏孫、柔然、突厥、漢人、唐人等，雖亦有伊蘭種人活動，然其偏重於波斯及兩河流域一帶，若曰月氏在中亞與伊蘭種混血，則月氏更可能與蒙古種人混血，因此，其深目高鼻多鬚髯恐非得自混血，而是其種族之形貌本來即如此，因其

　　　族本來就是伊蘭族的一支，而伊蘭族在中亞與匈奴、烏孫、突厥、

　　　漢人、唐人等蒙古種人抗衡者，即此民族——伊蘭系月氏人，亦即

　　　徐西亞〔西徐亞〕人（Scythians）。〔註40〕

如上的說法，有兩點必須加以澄清：

　　首先，伊蘭系有或稱伊朗系的人種，包括活動於伊朗高原的波斯、印度民族；此支民族，在人種上屬於印歐民族。因此認爲月氏族屬於西徐亞族或屬於伊蘭族、伊朗族，即等於認爲月氏屬於印歐族。以上與「月氏族不可能爲印歐族，然月氏族可能是伊蘭種族」，實在自相矛盾。

　　其次，中亞最先進入歷史記載的民族是希美瑞安（Cimmerian）人，希美瑞安人在西元前二百年便已在中亞地區活動，〔註41〕其後西徐亞人與希美瑞安人融合，由於希美瑞安人與西徐亞人同爲印歐族的白種人，因此，中亞最遠古的民族並不是蒙古種的黃人，而是印歐種的白人。至於匈奴、突厥進入中亞則是漢唐以後的事，與月氏的人種族屬無關。

　　由於月氏西來河西走廊說的認定，使得月氏人的種屬族系得到合理的估測。自文獻記載及考古實物顯示，月氏人可能是來自中亞印歐族白種人西徐亞東支塞人部落的一個小支族。而月氏族在中國境內爲匈奴所敗之後，其所以遷至中亞，可能出於初期來自中亞，熟悉故土，因此在東徙受挫之後再回到中亞。然而，在判定月氏人爲西徐亞人支族以後，又牽涉到月氏人與吐火羅人被混稱的問題。這個問題的解決，則可自大夏地方人種遷徙的時間順序得到安頓。

## 第三節　大月氏與吐火羅種屬的歷史淵源

　　月氏人與吐火羅人之所以被少數學者混稱在一起，主要出於西史所載吐火羅滅大夏的時間（西元前 140 年；漢武帝建元三年）與大月氏西遷中亞臣畜大夏的時間接近。因此，學術界對於貴霜帝國統治族屬的判定，有以下三種意見：

　　第一，認爲貴霜帝國的統治族系爲大月氏。《後漢書》稱：

　　　初，月氏爲匈奴所滅，遂遷於大夏，分其國爲休密、雙靡、貴霜、

〔註40〕謝黎明：〈月氏研究〉；《屏女學報》第一期（屏東：臺灣省立屏東女子高級中學，民 64 年）。

〔註41〕Denis Sinor, Inner Asia, Indiana：Indiana University, c1969. P.79

肹頓、都密，凡五部翕侯。後百餘歲，貴霜翕侯丘就卻攻滅四翕侯，

自立爲王，國號貴霜（王）……月氏自此以後，最爲富盛，諸國稱

之曰皆曰貴霜王，漢本其故號，言大月氏云。〔註42〕

此爲漢文史料中，主張貴霜帝國統治者爲大月氏最主要的文獻證據。

　　第二，認爲吐火羅滅大夏，並進而認爲中國所稱的大月氏即爲西洋所稱的吐火羅。

　　由於西史記載吐火羅於西元前140年滅大夏（亦即漢武帝建元三年之時）；而桑原騭藏又考訂月氏西遷中亞臣畜大夏的時間，是在匈奴拘留張騫之時，亦即西元前139至西元前129年（漢武帝建元二年～元光六年）之間；〔註43〕基於吐火羅消滅大夏的時間與大月氏臣畜大夏的時間接近，因而有人認爲西史中的吐火羅，亦即漢文史料中的大月氏。

　　然而，根據文獻記載，史特拉波（Strabo）在《地理書》中指出，在錫爾河南岸的西徐亞人（Scythian）共有四族：阿息人（Asioi）、帕西安諾人（Pasianoi）、吐火羅人（Tokhari）、塞克諾依人（Sakarauloi），由於《地理書》的作者史特拉波是處於西元前後的人，而其所轉引的資料是存於西元前二世紀阿波羅德諾（Apollodors）的書，〔註44〕是以，由錫爾河南下至阿姆河（嬀水）南岸的大夏地方的吐火羅族，與自河西走廊至阿姆河北岸再至阿姆河南岸的大月氏族，可能在人種上都屬於西徐亞族；但以西元前二世紀左右大夏地方外來種族的移動方向來看，吐火羅源於西地，而大月氏源於東土。因此，第二種觀點必須修正。

　　第三，認爲張騫通西域時，大月氏與吐火羅東西分治大夏地方。

〔註42〕《後漢書》〈西域傳〉（鼎文書局）頁2921。

〔註43〕桑原騭藏著；楊鍊譯：《張騫西征考》（台北：商務，民58年）（台一版）頁24～28、28。

　　　吾輩斷定張騫發足於西域之初，大月氏猶留伊犁，其去伊犁，移至中央亞細亞，必發生於張騫被拘於匈奴之時…以中國方面之材料考察之，大月氏之中央亞細亞移轉，爲公元前百三十九年以後之事，再就拘留十年後之張騫到達中央亞細亞時，最早大月氏已安頓於其地之事實，合併想像之，則不得不承認在百三十九年以後不久，大月氏即移轉於中央亞細亞矣…

　　　張騫由大宛而康居，由康居而大月氏，及到大月氏時，想大約爲西元前百二十九年之頃。就中異說頗多，如：De Guignes氏爲西元前百三十四年，Richthofen爲西元前百二十七年，Specht爲西元前百二十六年，Levi氏爲西元前百二十五年，Lassen氏爲西元前百二十四年等等，俱爲不足以憑信也。

〔註44〕陳慶隆：〈論大夏與吐火羅〉。

此一觀點，主要根據大月氏族於西元前二世紀自東方進入大夏地方，吐火羅族相對於大月氏族，可說是由西方進入大夏地方。楊建新認爲：

公元前 156 至前 141 年之間，希臘——巴克特利亞王室之間發生了激烈的内訌，西徐亞人乘機南下，于公元前 141 年發生了上述斯特拉波所說西徐亞人越錫爾河侵入希臘——巴克特利亞王國的歷史事件。從此，錫爾河以南至巴克特利亞地區，即阿姆河南岸，均爲西徐亞人所侵佔。斯特拉波在《地理書》中所說的吐火羅人，就是部分南下的西徐亞人即塞人的一個主要部分。據考古學者根據出土物研究，他們原來主要活動于錫爾河下游北岸……

張騫在聽到吐火羅或兜勒一名時，與其腦海中早在已存在的大夏（馱互）聯起來，并認爲就是當時流傳于中原的大夏（馱互），這種聯想當然是很自然的。我認爲，這就是張騫將已被稱爲吐火羅斯坦或吐火羅王國的巴克特亞稱之爲大夏的原因……

大夏是指吐火羅王國，即由西徐亞人在巴克特亞地區建立起來的，以吐火羅人爲統治的王國……

吐火羅人是吐火羅人，月氏人是月氏人，不能將兩者相混；從時間上說，先是吐火羅人南侵，然後是月氏人南侵，不能將兩個不同時期的事件相混……

在大月氏的沖擊下，原居於錫爾河以北的塞人或西徐亞人，以吐火羅人爲主，越過錫爾河，侵入希臘——巴克特利亞王國的北疆——索格底亞那一帶，在這裡活動了二十多年。于西元前 141 年或更早一些，乘希臘——巴克特利亞王國統治集團内爭激烈之際，越阿姆河，消滅希臘——巴克特利亞，這就是斯特拉波所說：錫爾河北西徐亞人中的吐火羅等入侵希臘——巴克特利亞之事，而阿姆河南北兩地，遂爲以吐火羅爲首的西徐亞人所佔據，這一地區就被稱爲吐火羅斯坦。

自西元 141 年以後，即吐火羅等人進入錫爾河以南和巴克特利亞地區以後若干年（很可能是在張騫到達大月氏的前幾年），大月氏始越錫爾河，佔據原來由吐火羅人佔據的阿姆河以北的河間地區……

張騫到中亞時所遇到的大月氏「西擊大夏而臣之」的政治局面，正

是大月氏……佔據阿姆河以北的情況。在這個時期，大月氏也可能
在政治上控制了當時的吐火羅王國，但并未越過阿姆河。阿姆河南
的巴克特利亞地區，仍存在著吐火羅王國 —— 大夏。正因為如此，
《史記》、《漢書》中一方面說月氏「西擊大夏而臣之」，一方面又說
張騫訪問大月氏後，又到大夏進行訪問。〔註45〕

楊建新以上的資料考證，除了對中原的大夏（駄互）與中亞的巴克特利亞大
夏國（Bactria）未做更深入的分析外（詳細的分析見陳師慶隆〈論大夏與吐火
羅〉），其餘考證大致無誤，因此，我們可以歸結出：

西元前 156 至 141，吐火羅人乘希臘 —— 巴克特利亞王國內訌之時進入
大夏地區；西元前 140 年，吐火羅人滅了希臘 —— 巴克特利亞王國並統治了
大夏地方，此即張騫所稱的大夏國。在張騫通西域時，受吐火羅統治的大夏
國，受月氏人羈縻。月氏人在大夏地方分設了五翎侯的官制建置，其中於大
月氏中央王庭的貴霜翎丘就卻統一了大夏地方並進而創建了貴霜帝國。貴霜
帝國於在政治上便於控制大夏地方，而將政治中心由嬀水北岸移至嬀水南岸
原大夏國的首府藍市城。由於政治首府的確立，顯示大夏地方統治階級的轉
變，終於形成貴霜帝國的規制。是以，貴霜帝國的統治者實為大月氏人，至
於吐火羅人，則只是在大月氏進入大夏地方前統領過大夏國而已。關於月氏
人如何逐步由中國西域遷入中亞並從而進入大夏地方，以及大夏地方在月氏
人進入以前受吐火羅人、希臘人、波斯人統治的狀況，以及在月氏人統領以
後的政治經濟變化，則又是另一個重要的課題。

---

〔註45〕楊建新：〈吐火羅論〉；《西北史地》1986 年 1 月，頁 20～24。

# 第五章　大月氏與貴霜帝國

中國正史文獻資料記載，貴霜帝國出自貴霜翎侯，而貴霜翎侯則出自大月氏中央王廷下的官制建置。因此，貴霜帝國統治族系，為來自中亞印歐族白種西徐亞東支塞種支族的大月氏人。大月氏人於春秋戰國時代來到中國甘肅省的河西走廊敦煌至祁連地區，隨後又繼續往東移動，目前出土的沙井文化可以作為月氏人西來河西走廊的佐證。而在秦漢之際，匈奴頭曼單于時，中國北方的外族主要是月氏與東胡；月氏族沒有留在中國北方繼續發展，與匈奴的崛起有著密切的關係。月氏族西遷年代與路線，是證明大月氏與貴霜帝國相關性的證據之一。

本章主要根據《史記》、《漢書》、《後漢書》、《魏書》、《北史》、《新唐書》中的西域文獻史料，釐清大月氏人各階段的遷徙時間與遷徙路線；再就月氏族重回中亞大夏地方前的大夏政權的演變，以及貴霜帝國目前所出土的考古錢幣、文字與神祇圖像的變化，由各時間階段下統治族系演變的觀點，為月氏人與吐火羅人之間勢力消長作更細密的分析。

## 第一節　月氏族的遷徙年代與路線

月氏族自河西至中亞兩次西遷年代的問題，學術界存在著不同的說法。這些不同年代的出現，涉及研究者對月氏西遷原因的解釋以及使用史料的差異。

月氏族第一次西遷，白鳥庫吉於西元 1901 年主張時間在西元前 174 年（漢文帝前元六年）至西元前 158 年（漢文帝後元六年），〔註1〕1919 年改認為時

---

〔註 1〕 白鳥庫吉：〈烏孫に就いての考〉，原載《史學雜誌》11：11，12：1、2（明

間在西元前 174 年（漢文帝前元六年）至西元前 161 年（漢文帝後元三年），
〔註2〕藤田豐八則自始即主張時間在西元前 174 年（漢文帝前元六年）至西元前 161 年（漢文帝後元三年），〔註3〕桑原騭藏主張時間在西元前 172 年（漢文帝前元八年）至西元前 161 年（漢文帝後元三年）或西元前 160 年（漢文帝後元四年），〔註4〕以上考訂所依據的基本史料，仍為漢文文獻史料。由於各家考訂的結果不一，我們有必要重新檢視這些漢文文獻史料。

首先，月氏最早往西移動是在匈奴王冒頓單于之時。至於月氏離開中國甘肅省境敦煌、祁連等河西之地，則是在匈奴老上單于之時。關於月氏受匈奴冒頓單于逼迫而向西移動的原因，《史記》〈匈奴列傳〉記載：

> 當是之時，東胡彊而月氏盛。匈奴單于曰頭曼……單于有太子曰冒頓。後有所愛閼氏，生少子，而單于欲廢冒頓而立少子，乃使冒頓質於月氏。冒頓既質於月氏，而頭曼急擊月氏。月氏欲殺冒頓，冒頓盜其善馬，騎之亡歸……

> 冒頓既立，是時東胡彊盛……東胡初輕冒頓，不為備。及冒頓以兵至，擊，大破滅東胡王，而虜其民人及畜產。既歸，西擊走月氏，南并樓煩、白羊河南王，悉復收秦所使蒙恬所奪匈奴地者，與漢關故河南塞，至朝那、膚施，遂侵燕代。是時漢兵與項羽相距，中國罷於兵革，以故冒頓得自彊。〔註5〕

以上資料顯示，月氏族在秦漢之際向西移動，是出於匈奴冒頓單于在破東胡之後又繼續對月氏發動攻擊的結果。由於匈奴冒頓單于在登位前曾在月氏當人質，而其父頭曼單于也曾與月氏開戰，因此月氏與匈奴可說是世仇。之後，在漢文帝前元三年至漢文帝前元四年（西元前 117 至西元前 116 年），冒頓單于又再次派遣右賢王攻打月氏，《史記》〈匈奴傳〉記載：

---

治 33 年 11 月～明治 34 年 2 月：1900 年～1901 年）；《西域史研究》（東京：岩波書店，昭和 16 年：1941 年），頁 24。

〔註2〕白鳥庫吉：〈塞民族考〉原載《東洋學報》7：3、8：3、9：3（大正 6 年 9 月～大正 8 年 9 月：1917 年～1919 年）；《西域史研究》（東京：岩波書店，昭和 16 年：1941 年），頁 431。

〔註3〕藤田豐八著；楊鍊譯：〈月氏西移之年代〉；《西域研究》（台北：商務，民 60 年）（台一版），頁 88。

〔註4〕桑原騭藏著；楊鍊譯：《張騫西征考》（台北：商務，民 58 年）（台一版），頁 16。

〔註5〕《史記》〈匈奴列傳〉（鼎文書局），頁 2887～2890。

至孝文帝初立，復修和親之事。其三年五月，匈奴右賢王入居河南地，侵盜上郡葆塞蠻夷，略殺人民，於是孝文帝詔丞相灌嬰發車騎八萬五千，詣高奴，擊右賢王。右賢王走出塞……

其明年（四年）單于遺漢書曰：「天所立匈奴大單于敬問皇帝無恙。前時皇帝言和親事稱書意，合歡。漢邊吏侵侮右賢王，右賢王不請，聽議盧侯難氏等計，與漢吏相距……今以小吏之敗約故，罰右賢王，使之西求月氏擊之，以天之福，吏卒良，馬彊力，以夷滅月氏，盡斬殺降下之。定樓蘭、烏孫、呼揭及其旁二十六國，皆以爲匈奴諸引弓之民，并爲一家。北州已定，願寢兵休士卒養馬，除前事，復故約。……」

書至，漢議擊與和親孰便。公卿皆曰：「單于新破月氏，乘勝，不可擊。且得匈奴地，澤鹵非可居也。和親甚便。」漢許。

孝文皇帝前六年，漢遺匈奴書曰……然右賢王事已在赦前，單于勿深誅。單于若稱書意，明告諸吏，使無負約，有信，敬如單于書。使者言單于自將伐國有功，甚苦兵事。服繡袷綺衣，繡袷長襦、錦袷長袍各一，比余一，黃金飾具帶一，黃金胥紕一，繡十匹，錦三十匹，赤綈、綠繒各十匹，使中大夫意，謁者令肩遺單于。

後頃之，冒頓死，子稽粥立，號曰老上單于。〔註6〕

日人白鳥庫吉於〈烏孫に就いての考〉中，就此段史料提出他的看法。指出月氏人雖於漢文帝時爲匈奴冒頓單于所破，但所謂「罰右賢王，使之西求月氏擊之……以夷滅月氏，盡斬殺降下之。」中「以夷滅月氏」的文辭含有誇張的語氣；實際上，在冒頓單于時，月氏人尚留居於中國甘肅省境的河西走廊。〔註7〕

月氏族爲匈奴逼迫西遷的事跡，在《漢書》〈西域傳〉有更多的記載：

大月氏本行國也，隨畜移徙，與匈奴同俗。控弦十餘萬，故彊輕匈奴。本居敦煌、祁連間，至冒頓單于攻破月氏，而老上單于殺月氏，以其頭爲飲器，月氏乃遠去，過大宛，西擊大夏而臣之。〔註8〕

〔註6〕《史記》〈匈奴列傳〉（鼎文書局），頁2895～2897。
〔註7〕白鳥庫吉：〈烏孫に就いての考〉原載《史學雜誌》11：11、12：1、2（明治33年11月～明治34年2月；1900年～1901年），《西域史研究》（東京：岩波書店，昭和16年；1941年），頁24。
〔註8〕《漢書》〈西域傳〉（鼎文書局），頁3890～3891。

關於匈奴老上單于以月氏王頭爲飲器的記載，也同時出現於《漢書》〈匈奴傳〉漢元帝時的史料中：

> 元帝初即位……呼韓邪單于使來，漢輒薄責之甚急。明年，漢遣車
> 騎都尉韓昌、光祿大夫張猛送呼韓邪單于侍子……昌、猛與單于及
> 大臣俱登匈奴諾水東山，刑白馬，單于以徑路刀金犁撓酒，以老上
> 單于所破月氏王頭爲飲器者共飲血盟。〔註9〕

以《漢書》史料來看，老上單于以月氏王頭爲飲器是確有其事的。由此可見，月氏人西遷至伊犁地方，是在匈奴老上單于之時。匈奴老上單于殺月氏王並以月氏王頭爲飲器，造成月氏族的畏懼與遠走。但在此之前，當冒頓單于兩次逼迫月氏人西移之時，月氏人仍留居於中國甘肅省境內活動。

其次，月氏受匈奴冒頓單于逼迫西移的年代，第一次發生於西元前 205 年至西元前 202 年之間，第二次發生於西元前 177 年至西元前 176 年之間。

冒頓單于第一次逼迫月氏西遷的年代，據《史記》〈匈奴列傳〉稱：「是時漢兵與項羽距，中國罷於兵革，以故冒頓得自彊」。楚漢相爭的年代，據《資治通鑑》的編年，是在西元前 205 年（漢王爲義帝發喪，並發使告諸侯共擊楚）至西元前 202 年（項王自刎於垓下），〔註10〕是以，冒頓單于第一次逼迫月氏人西移的年代是西元前 205 年至西元前 202 年楚漢相爭之時。

冒頓單于第二次逼迫月氏人向西移動，以《史記》〈匈奴列傳〉載漢收到匈奴冒頓單于國書所提及「罰右賢王，使之西求月氏擊之」的年代來看，是開始於漢文帝前元三年（西元前 177 年），而漢文帝回覆匈奴國書所提及「罰右賢王事已在赦前……使者言單于自將伐國有功，甚苦兵事」的年代來看，是結束於漢文帝前元四年（西元前 176 年）。

第三，月氏人由中國甘肅省境向西遷出河西走廊繼續向西移動的確切年代，是在西元前 174 年至西元前 161 年匈奴老上單于在位之時。

匈奴老上單于的在位年代，《史記》〈匈奴列傳〉記載：

> 孝文帝前六年（西元前 174 年），漢遺匈奴書曰……後頃之，冒頓死，
> 子稽粥立，號曰老上單于。〔註11〕

在漢文帝前六年漢致匈奴國書之後，匈奴老上單于隨即登基。因此，老上單

---

〔註 9〕《漢書》〈匈奴傳〉（鼎文書局），頁 3800～3801。
〔註10〕《資治通鑑》〈漢紀〉（世界書局），頁 316、354。
〔註11〕《史記》〈匈奴列傳〉（鼎文書局），頁 2897～2898。

于的即位年代，可以確定在漢文帝前元六年，亦即西元前 174 年之時。

至於匈奴老上單于的退位年代，存在著兩種說法。一種說法認爲在西元前 161 年，另一種說法認爲在西元前 158 年。

《資治通鑑》將老上單于的死亡年代，列於漢文帝後元三年（西元前 161 年）之下：

> 是歲，匈奴老上單于死，子軍臣單于立。〔註12〕

宋裴駰《史記集解》在《史記》〈匈奴列傳〉「老上稽粥死，子軍臣立爲單于」之下註明：

> 徐廣曰：「後元三年立」。〔註13〕

漢文帝後元三年，亦即西元前 161 年。關於老上單于的卒年，《資治通鑑》與《史記集解》所引東晉徐廣單于紀年的看法一致。

但是學術界對老上單于卒年的問題，曾經存在著另一種看法，那就是由日人白鳥庫吉於西元 1901 年在《烏孫に就いての考》中主張是在西元前 158 年，〔註14〕日人藤田豐八認爲白鳥庫吉是由《史記》〈匈奴列傳〉所載匈奴老上單于死一事之前的年代加以推算的。〔註15〕《史記》〈匈奴列傳〉稱：

> 孝文帝後二年（西元前 162 年），使使遺匈奴書曰⋯⋯
>
> 單于既約和親，於是制詔御史曰⋯⋯
>
> 後四歲，老上稽粥死，子軍臣立爲單于。〔註16〕

藤田豐八認爲白鳥庫吉是將老上單于去世的年代由漢文帝後元二年（西元前 162 年），依《史記》所記「後四歲，老上稽粥死」再加上四年，變成西元前 158 年，亦即漢文帝後元六年。但是這種算法是不正確的，因爲在《史記》所載「後四歲，老上稽粥死」漢文帝後元二年漢致匈奴國書兩段文字之間，尚有「單于既約和親，於是制詔御史」這段倒溯性的文字，因此所謂的「後四歲」當指中間這段史料所載事件發生之後的四年，而不是指漢文帝後元二年之後的第四年。因此，日人藤田豐八根據《史記集解》徐廣的考證以及宋司

---

〔註12〕《資治通鑑》〈漢紀〉（世界書局），頁 505。

〔註13〕《史記》〈匈奴列傳〉（鼎文書局），頁 2904。

〔註14〕白鳥庫吉：〈烏孫に就いての考〉，原載《史學雜誌》11：11、12：1、2（明治 33 年 11 月～明治 34 年 2 月；1900 年～1901 年）；《西域史研究》（東京：岩波書店，昭和 16 年；1941 年），頁 24。

〔註15〕藤田豐八著；楊錬譯：〈月氏西移之年代〉；《西域研究》（台北：商務，民 60 年）（台一版），頁 88。

〔註16〕《史記》〈匈奴列傳〉（鼎文書局），頁 2902～2904。

馬光《資治通鑑》所列的編年，認爲日人白鳥庫吉在西元 1919 年於〈塞民族考〉中所改認爲匈奴老上單于死於西元前 161 年 [註17] 方爲正確。

主張匈奴老上單于死於西元前 161 年的算法，在於根據《史記》所載匈奴軍臣單于即位第四年時犯邊事件與漢文帝卒年加以推算而得。依《史記》〈匈奴列傳〉記載：

> 軍臣單于立四歲，匈奴復絕和親，大入上郡、雲中各三萬騎，所殺
> 略甚眾而去……後歲餘，孝文帝崩，孝景帝立。 [註18]

《前漢紀》與《資治通鑑》均將漢文帝卒年列於漢文帝後元六年夏，亦即西元前 157 年；將前一年「匈奴三萬入上郡，三萬騎入雲中」的年代列於漢文帝元五年多，亦即西元前 158 年；由於軍臣單于是在即位之後的第四年犯邊，因此再往前推算四年，《資治通鑑》將「老上單于死，軍臣單于立」列於漢文帝後元三年，亦即西元前 161 年。 [註19]

雖然，《前漢紀》與《資治通鑑》均將漢文帝卒年與軍臣單于即位後第四年匈奴犯邊年代，列於漢文帝後元六年夏季與漢文帝五年冬季，兩項事件所相隔的時間並不到一年，此與《史記》記載「後歲餘，孝文帝崩」所稱相隔一年多的時間有少許的出入，但日人藤田豐八仍然相信宋裴駰《史記集解》引徐廣的考證，認爲匈奴老上單于死於西元前 161 年，月氏由中國甘肅省境遷出的最晚年代亦在此時。《史記集解》所引徐廣的考證如下：

> 徐廣曰：「孝文帝後元七年崩，而二年答單于書，其閒五年，而此云
> 『後四年』，又『立四歲』數不容爾。孝文帝六年冬，匈奴入上郡、
> 雲中也」。 [註20]

關於《史記集解》的考證，前文已就史料提及年代的正確估算方法，今不再複述。是以，月氏人離開甘肅省境的確切年代，是匈奴老上單于在位之時，亦即西元前 174 年至西元前 161 年，此時爲中國漢文帝前元六年至漢文帝後元三年的時期。

另外，老上單于在位的期間雖是西元前 174 年至西元前 161 年，但日人

〔註17〕 白鳥庫吉：〈塞民族考〉原載《東洋學報》7：3、8：3、9：3（大正 6 年 9 月
　　　　～大正 8 年 9 月；1917 年～1919 年）；《西域史研究》（東京：岩波書店，昭
　　　　和 16 年；1941 年）
〔註18〕 《史記》〈匈奴列傳〉（鼎文書局），頁 2904。
〔註19〕 《資治通鑑》〈漢紀〉（世界書局），頁 505、506、507。
〔註20〕 《史記》〈匈奴列傳〉（鼎文書局），頁 2904。

桑原騭藏認爲月氏族由中國甘肅省遷出的時間在西元前 172 年至西元前 161
年或 160 年，〔註 21〕其所依據的資料爲賈誼《新書》〈匈奴篇〉，因賈誼所上
的「匈奴策」內容有：

> 將必以匈奴之眾，爲漢臣民，制之令千家爲一國，列處塞外，自隴
> 西延至遼東，各有分地以衛邊，使備月氏、灌窳之變。

所以日人桑原騭藏認爲賈誼上「匈奴策」時月氏人尚在中國甘肅省境，而他
認爲賈誼上「匈奴策」的年代是漢文帝前元八年（西元前 172 年），可是他未
標明年代的出處。〔註 22〕

　　黃靖則對賈誼上「匈奴策」的年代有一番解釋，他說：

> 賈誼上表中說：將必以匈奴之眾，爲漢臣民，制之千家爲一國，列
> 處塞外，自隴西延至遼東，各有分地以衛邊，使備月氏、灌窳之變。
> 可見，至少在賈誼之時，月氏還未西遷。《前漢紀》載賈誼上表之年
> 前元八（前 172）年，《通鑑》卻歸之于前六（前 174）年。查《漢
> 書》〈賈誼傳〉：「（文帝）拜誼爲梁王太傅……數問以得失，是時……
> 淮南、濟北王皆爲逆誅。誼數上疏陳政事，多所欲匡建」。據此，賈
> 誼「數上疏陳政事」當在誅淮南、濟北王之后。據〈文帝紀〉，濟北
> 王死於前元六（174）年十一月。由此觀之，苟況定爲前元八（前
> 172）年似更爲合理。如果〔此〕，則大月氏第一次西遷確應在老上
> 單于之時（前 174～161）。〔註 23〕

然而，若依黃靖的考證，認爲賈誼上「匈奴策」的時間是西元前 172 年，而
其時月氏族尚留居於中國甘肅省境，則其推理結果應與日人桑原騭藏相同，
認爲月氏族的西遷年代在西元前 172 年至西元前 161 或 160 年之間才是。但
是黃靖的結論卻是西元前 174 至 161 年之間，可見他對於賈誼《新書》的資
料，尚未執持十分肯定的態度。

　　況且，《漢書》〈賈誼傳〉曾經記載：

> 是時，匈奴彊，侵邊。天下初定，制度疏闊。諸侯王僭儗，地過古
> 制，淮南、濟北王皆爲逆誅。誼數上疏陳政事，多所匡建，其大略

---

〔註 21〕桑原騭藏著；楊鍊譯：《張騫西征考》（台北：商務，民 58 年）（台一版），頁
　　　　16。
〔註 22〕桑原騭藏著；楊鍊譯：《張騫西征考》（台北：商務，民 58 年）（台一版），頁
　　　　16。
〔註 23〕黃靖：〈大月氏的西遷及其影響〉；《新疆社會科學》1985 年 2 月，頁 97。

曰……〔註24〕

由於賈誼曾「數上疏陳政事」，表明賈誼上疏不只一次，上疏的時間各不相同，因此賈誼上「匈奴策」的時間，不一定是在「淮南、濟北王皆爲逆誅」之時，也有可能是在「是時，匈奴彊，侵邊」之後。更何況，無論《漢書》〈賈誼傳〉、《前漢紀》、《資治通鑑》所摘錄賈誼數次上疏大要的文辭中，都沒有「使備月氏、灌窳之變」的記載。〔註25〕

因此，日人桑原騭藏的考證，似有修正的必要。桑原騭藏對於這個問題的解釋如下：

> 在《漢書》〈賈誼傳〉，不見有使備月氏、灌窳之變之句，但《漢書》以賈誼五十八篇中，任意節錄之，則亦無足怪。要之，予以爲：「係單于之頸而制其命」，「伏中行說而笞其背」之句與「使備月氏、灌窳之變」之句，俱可認爲同一對「匈奴策」中之文句。夫如是認識之，使信其妥當焉。〔註26〕

桑原騭藏認爲「使備月氏、灌窳之變」的句子是出於賈誼「匈奴策」固然不錯，但在時間上，則正如其所言「《漢書》以賈誼之五十八篇中，任意節錄之」，因此，不能由《漢書》、《前漢紀》、《資治通鑑》斷定賈誼上「匈奴策」的確切年代是在漢文帝前元八年，亦或西元前 172 年。是以，月氏遷出甘肅省境的時間，仍應斷定在西元前 174 年至西元前 161 年，亦即漢文帝前元六年至漢文帝後元三年。

另外，日人桑原騭藏之所以認爲老上單于的卒年在西元前 161 年或西元前 160 年的原因，主要出於對《漢書》〈匈奴傳〉文辭上的誤解。《漢書》〈匈奴傳〉記載：

> 後四年，老上單于死，子軍臣單于立。〔註27〕

桑原騭藏認爲《漢書》〈匈奴傳〉所記的「後四年」是指「孝文後四年」，亦即爲漢文帝後元四年。〔註28〕但《史記》〈匈奴列傳〉對此事件的記載爲：

---

〔註24〕《漢書》〈賈誼傳〉（鼎文書局），頁 2230。
〔註25〕《漢書》〈賈誼傳〉（鼎文書局），頁 2230～2262。
《前漢紀》卷七文帝八年夏（台北：商務，民 60 年）（台一版），頁 64。
《資治通鑑》〈漢紀〉文帝前六年冬（前 174）（世界書局），頁 469～480。
〔註26〕桑原騭藏著；楊鍊譯：《張騫西征考》（台北：商務，民 58 年）（台一版），頁 71。
〔註27〕《漢書》〈匈奴傳〉（鼎文書局），頁 3764。
〔註28〕桑原騭藏著；楊鍊譯：《張騫西征考》（台北：商務，民 58 年）（台一版），頁

後四歲，老上稽粥單于死，子軍臣立爲單于。〔註29〕

可見《漢書》中的「後四年」即《史記》中的「後四歲」，再就《漢書》〈匈奴傳〉陳述年代的筆法來看，在漢文帝時出現「其三年」、「孝文前六年」、「孝文十四年」的記年；在武帝崩後出現「後三年，單于欲求和親」，在「是歲，始元二年也」之後，又有「後二年秋，匈奴入代」〔註30〕的年代記錄。足見「後四年」不太可能是「孝文帝後四年」或「孝文帝後元四年」的縮筆。

是以，老上單于的在位年代，仍爲西元前174年至西元前161年爲當。

第四，月氏族由中國新疆省界及現今哈薩克所居的伊犁地方移至中亞阿姆河北岸，時間約在張騫第一次通西域而被拘留在匈奴的時候，也就是在漢武帝建元二年（西元前139年）至漢武帝元光六年（西元前129年）之間。

日人桑原騭藏認爲，月氏族由伊犁地方移轉至阿姆河北岸的時間，正是在張騫被拘留於匈奴的十年之中，桑原騭藏稱：

又見《史記》〈大宛傳〉，張騫在使於大月氏之途中，被囚於匈奴之時〔，〕匈奴之單于，曾詰張騫曰：月氏在吾北，漢何以得往使？吾欲使越，漢肯聽我乎！〔註31〕

吾輩斷定張騫發足於西域之初，大月氏猶留伊犁：其去伊犁，移至中央亞細亞，必發生於張騫被拘於匈奴之時。或者匈奴因拘獲張騫，發覺漢之異圖，爲除去大月氏與漢結爲同盟之危險，故使唆烏孫，而遠逐大月氏至西北方者也。〔註32〕

關於張騫出發遠征之年代，尚不見於記錄，惟彼在元朔三年（西元前126年）居外國十三年而歸朝，故由此逆算之，彼之出發，蓋在建元二年（西元前139年）之頃也。〔註33〕

桑原騭藏的年代推算，未註明張騫歸漢年代的史料依據，而《資治通鑑》〈漢紀〉武帝元朔三年有如下的記載：

---

69。

〔註29〕　《史記》〈匈奴列傳〉（鼎文書局），頁2904。

〔註30〕　《漢書》〈匈奴傳〉（鼎文書局），頁3756～3782。

〔註31〕　《史記》〈大宛列傳〉（鼎文書局），頁3157。

〔註32〕　桑原騭藏著；楊鍊譯：《張騫西征考》（台北：商務，民58年）（台一版），頁24。

〔註33〕　桑原騭藏著；楊鍊譯：《張騫西征考》（台北：商務，民58年）（台一版），頁24。

冬，匈奴軍臣單于死，其弟左谷蠡王伊稚斜自立爲單于，攻破軍臣單于，太子於單，於單亡降漢。

夏，四月，丙子，封匈奴太子於單爲涉安侯，數月而卒。

初……上募能通使月氏者。漢中張騫以郎應募，出隴西……欲從羌中歸，復爲匈奴所得，留歲餘。會伊稚斜逐於單，匈奴國內亂，騫乃與堂邑氏甘父逃歸。上拜騫爲太中大夫，甘父爲奉使君。騫初行時百餘人，去十三歲唯二人得還。〔註34〕

《資治通鑑》於武帝元朔三年下所稱的「冬，匈奴軍臣單于死」，在時間上可能是指前一年，亦即元朔二年的冬季；如此，張騫歸漢的時間則當在漢武帝元朔三年，亦即西元前 126 年之時。宋裴駰《史記集解》引徐廣的考證，也在「留歲餘，單于死，左谷蠡王攻其太子自立，國內亂，騫與胡妻及堂邑父俱亡歸漢」〔註35〕之下注：

徐廣曰：「元朔三年」。〔註36〕

可見《資治通鑑》與《史記集解》，都認爲張騫在漢武帝元朔三年歸漢。漢武帝元朔三年，亦即西元前 126 年，依《史記》〈大宛列傳〉載：

初，騫行時百餘人，去十三歲，唯二人得還。〔註37〕

張騫留居西域的時間共計十三年，因此張騫第一次通西域的時間當在漢武帝建元二年（西元前 139 年）至漢武帝元朔三年（西元前 126 年）。而《史記》〈大宛列傳〉又記載：

騫以郎應募，使月氏，與堂邑氏（故）胡奴甘父俱出隴西，經匈奴，匈奴得之，傳詣單于。單于留之……留騫十餘歲，與妻，有子，然騫持節不失。居匈奴，益寬，騫因其屬亡鄉月氏，西走數十日至大宛……大宛以爲然，遣騫發導繹，抵康居，康居傳致大月氏……騫從月氏至大夏，竟不能得月氏要領……留歲餘，還，並南山，欲從羌中歸，復爲匈奴所得。留歲餘，單于死，左谷蠡王攻其太子自立，國內亂，騫與胡妻及堂邑父俱亡歸漢。〔註38〕

---

〔註34〕《資治通鑑》〈漢紀〉（世界書局），頁 609～611。
〔註35〕《史記》〈大宛列傳〉（鼎文書局），頁 3159。
〔註36〕《史記》〈大宛列傳〉（鼎文書局），頁 3159。
〔註37〕《史記》〈大宛列傳〉（鼎文書局），頁 3159。
〔註38〕《史記》〈大宛列傳〉（鼎文書局），頁 3157～3159。

若張騫在漢武帝建元二年（西元前 139 年）開始通西域，而匈奴單于「留騫十餘歲」後，張騫又從月氏在大夏「留歲餘」而「復爲匈奴所得，留歲餘」，由其通使的時間共計十三年加以估算，則張騫留居匈奴的時間約爲十年左右，大致上是在漢武帝建元二年（西元前 139 年）至漢武帝元光六年（西元前 129 年）之間。這段時間，正是月氏族由新疆省界順著今哈薩克所居的伊犁河流域，遷往中亞錫爾河及阿姆河河間區的時期。

至於月氏族到了阿姆河北岸臣畜大夏之時，大夏地方當時的政權性質以及統治者和被統治者的族屬問題，則又是另外一個重要的課題。

## 第二節　大夏地方政權演變與貴霜帝國歷史分期

月氏族在春秋戰國時期由中亞東移至中國甘肅省河西走廊一帶，並繼續向東發展。至秦漢之際，匈奴崛起之後，月氏族在冒頓單于時期被迫兩次西遷，但尚留居於中國甘肅省境；在老上單于時期，月氏族被迫由河西走廊西遷至中國新疆省及現今哈薩克地方的伊犁河流域；而至張騫通西域時，月氏族則逐步由伊犁地方遷至阿姆河北岸。《史記》成書時期，月氏族已和大夏地方的大夏國有著名義上統屬的羈縻關係，而此時大夏國的統治族系與土著族系，則與後來貴霜帝國的被統治者所屬族系有著密切的關係。

貴霜帝國起源時期所在的大夏地方與極盛時期所涵蓋的印度西北地區，在人種上素有「世界人類學博物館」之稱；因此，研究大夏地方或貴霜帝國版圖境內人種，便需要依地區和時間畫定範圍來探討。由於大夏地方統治族系的更迭，等於大夏地方的政權的更迭；而此統治族系的釐清，更有助於分析貴霜帝國所謂「第一王朝」與「第二王朝」之間的差異。是以，我們有必要回顧大夏地方及貴霜帝國版圖境內所出現的人種，以及不同人種所分別建立的政權。

在大夏地方和貴霜帝國版圖境內所出現的人種，以印度現存的人種來看，大致上可分爲四類：

一、荼盧毗人種（Dravidians）類型：他們身材中等，皮膚從淺褐色直到黑色都有，眼睛深褐色，頭髮烏黑，四肢勻稱。一般認爲，著名的印度河流域文化就是這一民族所創造的。當印歐語系的雅利安人來到印度河流域之後，荼盧毗人一部與之混合，而另一部分被迫移居到印度南部，因此較純粹

的荼盧毗人現今多居於印度南部。

二、印度斯坦人種類型（又稱雅利安荼盧毗人種類型）：其徵是長頭、膚色淺褐、鼻寬、身材較魁梧。西元前一千二百年左右，印歐語系的雅利安遊牧民族越過印度西北部的興都庫什山，而至印度河及恆河流域，與荼盧毗人混和，形成印度斯坦人種類型，主要分佈在印度北部。

三、西印度人種類型：基本體型特徵是身材高大、頭小、膚色較白皙，他們是在不同時期由中亞、地中海和歐洲等地來到印度境內的。

四、蒙古人種類型：這一類型的體型特徵是頭髮硬直而濃密，身體的毛髮不發達，臉扁平，顴骨突出，鼻樑較低，眼睛有眥皮。在印度，這一人種還分爲長頭蒙古型和寬頭蒙古型，他們是在不同時期從印度北部和東北部進入此塊南亞次大陸的。〔註39〕

以上四種現存的印度人種，除荼盧毗人（Dravidians）爲印度原居土著之外，其他的人種都是在不同時期進入印度西北部、北部或東北部的。若要回顧貴霜帝國統治者與被流治者人種族屬的問題，則可就貴霜帝國起源所在地（大夏地方）及貴霜帝國極盛時期的核心地區（印度西北部）兩地的政權遞變來探討。

# 一、大夏地方

所謂大夏地方係指阿姆河以南，今巴基斯坦和阿富汗斯坦北部的地方。

在西元前八千年或四千年時，中亞黑海至裡海一線以南，已出現農耕定居的民族；其中，南方的民族在人種上屬於白種印歐族雅利安人種。體型較北方的遊牧民族爲矮，類似現今地中海遊牧民族。而北方的遊牧民族在人種上亦屬於白種印歐族的雅利安人種，體型較南方農業民族爲高，類似現今的北歐人，他們文化則比南方來得落後，所開創的文化稱瑞波利雅（Tripolye）文化。南北方二支民族由西元前二千年左右開始遷徙，在西元前一千年之時到遷徙的高潮。據瑞喬胡利（H. C. Raychaudhuri）稱，此支民族後來分爲雅度族（Yadu）與怕蘇族（Pasu 與 Parsa），雅度族是印度吠陀雅利安人的祖先，帕蘇族則爲波斯（Persia）。〔註40〕據說希美瑞安人（Cimmerians）與西徐亞人（Scythians）

〔註39〕以上人種特徵取材自　方廣錩等主編：《印度》（上海：上海辭書出版社，1988 年 9 月），頁 48、49。

〔註40〕R. C. Majumdar 等著；李志夫譯：《印度通史》原著成於 1946 年（台北：國立

皆屬於此支民族，月氏族也可能是此支民族的分支。此支民族在遷徙的過程中，在不同的時期採取不同的路線。西徐亞族東支由費爾干、天山經新疆至甘肅省河西走廊一帶，成爲塞人或月氏族。希美瑞安人與西徐亞人西支向南進入大夏地方，再由伊朗高原往西南走，經今小亞細亞、敘利亞和愛琴海一帶，與西亞兩河流域當時閃族所建立的巴比崙、亞述帝國爲鄰，並經常發生戰爭，西元前826 年閃族石刻曾出現「波斯」（Persuash）字樣，因此，這支民族可能是帕蘇族；而南入大夏地方，再由伊朗高原北部往東走，並向下至印度西北，由印度河（R. Hindu）五河流域往恆河（R. Ganga）發展的民族則可能是雅度族。是以，大夏地方最早的外來民族與較晚貴霜帝國的統治民族，皆與此支北方遊牧民族族屬相關。

　　大夏（Bactria）一名，以目前出土的考古文物來看，最早見於波斯阿黑門尼德帝國（Achaemenid Empire）政權下大流士（Darius I the Great）時代（西元前 522 年～西元前 486 年）的石刻碑銘文字。而根據文獻記載，在大流士之前居魯士（CyrusII the Great）統治波斯阿黑門尼德帝國的時代（西元前558 年～西元前 530 年），印度河以西之地，包括大夏地方，都是波斯的屬地。大夏地方在波斯帝國統治下，是波斯帝國的行省。

　　西元前 328 年，大夏地方被希臘馬其頓帝國亞歷山大大帝（Alexand the Great）由波斯政權手中取得統治權。在亞歷山大大帝於西元前 330 年消滅波斯阿黑門尼德帝國後，大夏地方屬於希臘政權範圍。亞歷山大大帝於西元前323 年逝世，在此之後大夏地方屬於希臘軍士塞琉卡斯（Seleucus）的政權勢力範圍。當時，大夏地方的政權爲希臘——巴克特利亞王室所控制。史特拉波（Strabo）《地理書》第十五章第六八六節曾經將大夏地方形容爲「千城之地」（A Land of a Thouasnd Cities），大約指此一時期。在西元前 156 至西元前141 年之間，西徐亞族之吐火羅人已侵入錫爾河及阿姆河河間區的粟特地方；西徐亞族的吐火羅人更乘希臘——巴克特利亞王國內訌之際繼續南下，於西元前 140 年（漢武帝建元二年）消滅希臘——巴克特利亞王國的政權。〔註41〕

　　西元前 139 至西元前 129 年之間，西徐亞東支月氏族由中國甘肅河西走廊經新疆、哈薩克所居的伊犁地方來到了錫爾河、阿姆河河間區，將西徐亞

編譯館，民 70 年）。
〔註41〕J. Marguart, Eransahr《伊蘭地方》（1901）P.207 轉引自羽田亨著；耿世民譯：《西域文化史》（新疆：新疆人民出版社，1981 年 9 月），頁 22。

族吐火羅人所控制的大夏國分爲五翖侯，並從而羈屬之。以上即爲貴霜帝國建立以前大夏地方政權演變的情形。

## 二、印度西北地方：

舊石器時代，印度河流域馬德拉斯省（Madras）發現有棕色石英石切肉用的石刀，在恆河地區則發現有灰黑色的石版。新石器時代，馬德拉斯發現一所製造石器的工廠。青銅器時代，約在西元前 2500 年至西元前 1700 年之間，印度河谷產生高度的城市文明，在旁遮普省出現了哈拉巴（Harappa）城市文明，有許多動物紋似的浮雕石製印章；在距離哈拉巴城南方六百五十公里信德省的摩罕左陀羅（Mohenjo Daro）也發現與哈拉巴城相同的古梵文印章。後來在喀拉蚩周圍的一百多個小城鎮也陸續有印度河谷文明出土。這些文化同屬一系，都是荼盧毗族所開創的農商城市文明，荼盧毗人是印度西北地方的原始土著。荼盧毗人在宗教上崇拜一切精靈，是一種萬物有神論（Animism）的庶物崇拜信仰，他們並特別崇拜地母與濕婆（Siva）神，這與後來雅利安吠陀文明所崇拜的神祇是截然不同的。

西元前一千二百年至西元前六百年，印度西北進入了雅利安人王政時期。雅利安人是中亞希美瑞安人與西徐亞人西支中雅度族的後裔。他們在西元前一千二百年，從西北方越過興都庫什山，從開伯爾山口進入印度。雅利安人與波斯人的文字和宗教類似，人種亦接近。《吠陀經》中記載了雅利安人與荼盧毗人的戰爭。《吠陀經》顯示，在宗教上，雅利安人將荼盧毗人崇拜的神祇視爲惡魔；在政治上，雅利安人以統治者自居，將荼盧毗人視爲奴隸。雅利安人更創建了政教合一的種姓制度，但是種姓制度仍然不能阻止荼盧毗人與雅利安人產生局部的血流混合，更不能阻止宗教文化上濕婆神的信仰力量。因此，在《吠陀經》晚期，有越來越多荼盧毗人的字彙與神祇出現在經文中。

雅利安人在印度實行軍事民主制。他們實行一夫一妻制，組成兩三代同居的大家庭。再由家庭組成氏族，氏族組成部落。部落首領稱爲「王」或「羅闍」（Rajan）；王最初由選舉產生，主要任務在於領導戰爭及裁決民事糾紛，後來則成爲同一家族的世襲。王的政權性質，有如波斯的省長或州長，以及西域所出現的翖侯或翁侯等小王。

由於印度西北方雅利安諸小邦共同對付原住民荼盧毗人，屬於荼盧毗人

印度河谷文明也逐漸轉變爲雅利安人的吠陀文化。在雅利安人吠陀時代，發生了兩次大戰。根據《吠陀經》記載，在西元前一千年發生了「十王戰爭」，最後以婆羅多族（Bharatas）獲勝。根據《摩訶般若多史詩》（Mahabharata）記載，在西元前九百年左右，婆羅多族的兩支後裔發生大戰，這場大戰十分慘烈，幾乎所有的土邦羅闍國王都加入了這場戰爭，而最後以般度族獲勝。

雅利安人王政時期的文化已進入青銅器時代，而尚未出現鐵器。進入印度河流域的雅利安人已由遊牧文化逐漸過渡到農業文化，此期也出現了手工業，但商業與城市則尚未形成。史詩時期，最重要的影響是「博伽梵（Bhagatas）教」的建立，博伽梵教所信奉的主神是克利希納王（Krishna），克利希納是非雅利安系統的民間土著信仰，博伽梵教透過對克利希納王的信仰，將吠陀時代雅利安人信仰的婆羅門（Baraman）、毗希奴（Vishinu）與土著信仰的濕婆（Siva）結合成爲一種三神一體以及化身觀念的印度傳統的宗教信仰；這股傳統的思漸在歷史上每當有外族勢力侵入時，便以宗教結合民力發出政治上排外的力量。由貴霜帝國出土錢幣上所鑄印神像的變化，可以看出貴霜帝國統治族系已逐步受印度傳統宗教文化影響。

西元前 326 年，當大夏地方及印度五河地帶（即今旁遮普全境）爲亞歷山大大帝所兼併時，印度各小邦開始反抗希臘政權。這些反抗活動是由「婆羅門」階級領導「刹帝利」土邦國王所進行的反抗，其中最有成效的是德克希拉地方（Tarilian）的婆羅門山卡拉（Chanakya）與孔雀族（Maurya）的刹帝利犍陀羅笈多（Chandragupta）〔註42〕聯合而成的政權。爲了對抗希臘的政權，山卡拉出任犍陀羅笈多的宰相，他們在西元前 321 年鞏固了政權，並建立了孔雀王朝（Maurya Dynasty）。在山卡拉的策劃下，犍陀羅笈多收回被亞歷山大及塞琉卡斯統治下的印度北部及小部分的大夏地方，並與塞琉卡斯保持外交關係。孔雀王朝極盛時期的版圖涵蓋了除南方角落之外的整個印度地方（見附圖十四），但在犍陀羅笈多的孫子阿育王（Asoka）死後，國勢則逐漸衰落，到西元前 180 年左右，印度地方又重歸於小邦林立的狀態。

綜合以上的敍述，我們可以簡單的歸結出，在貴霜帝國成立以前的大夏

---

〔註42〕犍陀羅笈多（Chandragupta）一字爲「人上人」或「王中王」（A Man of Sutra Extration）。孔雀王朝的創始者與後來笈多王朝的創始者（Chandragupta I, AD320～AD325）及笈多王朝的第三代君主（Chandragupta II, AD375～AD414）皆號稱犍陀羅笈多。

地方及印度河流域一帶的統治者，大致上是以印歐種爲主；而其所呈顯的文
化，則是土著荼盧毗印度河谷文明的濕婆宗教與吠陀雅利安人的大梵天思想
所融合而成的「博伽梵信仰」。大夏地方及印度河流域的地域性宗教文化，一
直深入影響不同時期進入此一地域的民族，這種影響力漸接波及統治族系的
官方文字系統和宗教信仰。以貴霜王朝爲例，最受爭議的「第一王朝」與「第
二王朝」之間的差別，即深受此地域文化的消長所影響。

　　貴霜帝國的「第一王朝」係指由丘就卻（Kujula Kadphises）、閻膏珍（Vim
Kadphises）統治時代的貴霜帝國；第二王朝係指由伽膩色伽（Kanishka）以後
的貴霜帝國。「第一王朝」與「第二王朝」之所以如此劃分，主要在於官方文
字的不同。研究顯示：

> 貴霜王朝早期的銘文一般用佉盧文體（Kharosthi）刻寫（這裡的早
> 期，是指閻膏珍以前的貴霜），大部分發現于阿富汗北部和印度河上
> 游地區。伽膩色迦以降，貴霜銘文往往用婆羅謎文體（Brahmi）刻
> 寫。本世紀 50 年代以來，又發現了一些重要的銘文，其中最著名的
> 蘇爾克・庫塔勒（Surkh Kotal）銘文群和達什特・依・納瓦爾
> （Dasht-i-Nawar）銘文群。前者用以希臘字母標音的巴克特里亞語
> （亦被稱爲「眞正的吐火羅語」）刻寫；后者除有巴克特里亞語刻寫
> 的銘文外，還有一種用佉盧體衍生文體刻寫的銘文，至今不能譯讀。

〔註43〕

因此，對於貴霜帝國文字演變及其與政權的關係，我們可以歸結如下：

　　貴霜帝國崛起於貴霜翎侯所在的大夏地方。西元前六世紀中葉，大夏地
方爲波斯阿黑門尼德帝國管轄下的巴克利亞省分，當時波斯帝國的官方語言
爲粟特語。大夏地方後來出現五翎侯官制建置，「翎侯」語源亦爲粟特語，這
雖然不一定能證明翎侯源出於波斯的官制建置，但甚少意味出波斯統治期間
大夏地方深受粟特語的影響。

　　西元前 328 年以後，希臘由波斯阿黑門尼德帝國手中取得大夏地方的統
治權，並繼而建立了希臘——巴克特利亞王國，此時的官方文字是希臘文。

　　西元前 140 年吐火羅人滅希臘——巴克特利亞王國之後，所使用的官方
文字則爲希臘字母標音的巴克特利亞語。

　　大月氏人後來由中央王庭派員統治大夏地方的五翎侯中，由貴霜翎侯丘

〔註43〕黃靖：〈貴霜帝國的年代體系〉；《中亞學刊》第 2 輯（1987 年 8 月），頁 17。

就卻統一大夏地方並創建貴霜帝國之後，開始進入貴霜帝國「第一王朝」的時代，當時的官方文字是佉盧文。

　　而在貴霜帝國伽膩色迦所開創的「第二王朝」時代，貴霜帝國的官方文字則為婆羅謎文。

　　此外，以錢幣來看，希臘──巴克特利亞王國時期的錢幣（見附圖四、五、六），大多在錢幣的正面鑄印國王的頭像，在背面鑄印希臘、羅馬神祇的全身像，這種羅馬幣制的形式影響到後來貴霜帝國的錢幣。

　　貴霜帝國在丘就卻時代的錢幣，具有以下特色。關於丘就卻時代錢幣的形制，研究指出：

　　　　丘的錢幣同羅馬幣極為相似，不僅版式、大小相同，甚至連重量也大致相等。但丘的錢幣採用的重量並非奧古斯都新幣的重量，而是其死後，在梯伯流斯（西元 14～37 年）時繼續流通的，磨損了的奧古斯都銀幣的重量。可見，丘就卻所鑄錢幣主要受羅馬公元 20～50 的錢幣影響（但貴霜初期的錢幣則主要仿效巴克特里亞希臘人和安息人，甚至直接在他們的錢幣上打上自己的標誌）。〔假〕設羅馬幣流至印度並成為貴霜幣的楷模需十年左右的時間，則丘就卻的錢幣主要發行于 30～60 年間，此時也正是其事業大發展、貴霜帝國形成之時。〔註44〕

關於丘就卻時代錢幣的紋飾，研究指出：

　　　　據丘就卻錢幣的研究，他的主要活動確實發生在公元 50～60 年代，以前認為，丘錢幣上的圖像模仿的是奧古斯都（公元前 27～14 年）時的羅馬幣。但丘的錢幣背面的圖形表明，它們應是模仿克勞底烏斯（公元 41～54 年）的錢幣。因為（1）王像取坐姿；（2）王坐的是一種特殊的顯貴椅（即 curule 椅），而這種椅子最先出現于克勞底烏斯的錢幣上。因此，丘就卻錢幣上的王像仿效的是克勞底烏斯錢幣上坐顯貴椅的康斯坦提婭（Constantia）。〔註45〕

關於丘就卻時代錢幣的文字，研究指出：

　　　　丘就卻的錢幣廣布于西北印度，特別是犍陀羅地區，僅在西爾迦普（Sirkap）就發現 2500 餘枚。丘就卻最早的錢幣的正面：赫爾

---

〔註44〕黃靖：〈貴霜帝國的年代體系〉；《中亞學刊》第 2 輯（1987 年 8 月），頁 23。
〔註45〕黃靖：〈貴霜帝國的年代體系〉；《中亞學刊》第 2 輯（1987 年 8 月），頁 23。

瑪尤斯（Hermaeus）頭戴王冠胸像，希臘體銘文：「偉大的君主赫爾瑪尤斯」；反面：佉盧體銘文：「虔誠的貴霜翕侯丘就卻（Kujula Kasasa-Kushana Yavugasa Dhrama-Thidasa）」。值得注意的是丘就卻這裡沒有任何王號，僅稱「翕侯（Yavugasa）」。這表明早期可能曾稱臣于赫爾瑪尤斯（至少是結成一種不平等的聯盟），赫爾瑪尤斯是最後一位影響較大的巴克特里亞希臘王，其王國大致包括喀布爾和犍陀羅地區（按：西元前 170 年左右，巴克特里亞希臘王國分裂爲南北二部，喀布爾地區遂爲北朝歐克拉提德斯王室所有。西元前 140 年左右，吐火羅人越過阿姆河進入巴克特里亞，希臘歐克拉提德斯之子希略克勒斯退往興都庫什山以南的喀布爾地區成立新的統治中心。赫爾瑪尤斯即爲此一王室的末代君主），一般認爲，他的在位時間在 1 世紀頭 20 年，至遲不得超出 20 年代。丘就卻早期勢力比他強大的赫爾瑪尤斯表示臣服的〔原因〕可能是：（1）在其統一其他四翕侯的事業中獲得支持；（2）作爲一種爭取民心的號召……

赫爾瑪尤斯的垮台標誌著希臘人在西北印度統治的終結。以前曾臣服於他的貴霜翕侯丘就卻得以獨立……丘就卻擺脫巴克特里亞希臘人的羈縻后，當主要致力於攻滅四翕侯的事業……

在坦叉始羅還發現 21 枚同一式樣的銀幣，其中四枚屬丘就卻。這四枚銀幣的正面：特殊頭飾的貴霜王胸像；反面：手持光環和棕櫚枝的勝利女神，上面的銘文是：「大王，王中之王，貴霜翕（侯）」，可見，丘就卻在發行這些銀幣時已儼然以「王中之王」自居了。〔註46〕

貴霜帝國閻膏珍時代的錢幣，研究指出具有以下特色：

閻發行的金幣比羅馬金幣大一倍，而與弟度（公元 78～81 年）以后發行的羅馬幣相當。據此，閻的年代再早也不至超出公元 85 年。在賈拉巴德的阿因·波什（Ahin Posh）佛塔頂部，與十枚閻膏珍錢幣同時發現的是羅馬皇帝多米西安（公元 81～96 年）。圖拉眞（公元 98～117 年）以及撒賓娜（Sabina）的錢幣，撒賓娜是哈德良（公元 117～138 年）的皇后，鑄有她的像的錢幣發行于公元 128～137 年。

---

〔註46〕黃靖：〈貴霜帝國的年代體系〉：《中亞學刊》第 2 輯（1987 年 8 月），頁 19～22。

據此推測，閻的年代不會早於多米西安。研究表明，閻膏珍的錢幣
主要受圖拉眞的影響，由此看來，他的在位時間似應在圖拉眞與哈
德良二位皇帝之時，即西元98～138年間。〔註47〕

而在達爾馬拉吉迦出土的十枚閻膏珍時代銅製錢幣，其上則鑄有祭壇上的
王、濕婆和公牛。〔註48〕

　　貴霜帝國「第一王朝」所出土錢幣，由錢幣材質、形制與紋飾的分析，
可以顯現出羅馬貨幣對貴霜帝國貨幣的影響；這可能出於商業往來的需要，
而採取相同的材質與類似的形制。至於在紋飾方面，閻膏珍時代銅幣所出現
濕婆神與象徵濕婆神的聖獸公牛紋飾，則說明貴霜帝國基於版圖擴張，在文
化方面已受到印度河谷文明的地域文化影響，錢幣不再鑄印丘就卻時代的希
臘羅馬神祇，而改爲鑄印印度土著信仰的濕婆神。

　　貴霜帝國「第一王朝」的繫年，若僅憑錢幣資料加以估測，則仍嫌不足。
因爲雖然錢幣上的半身君王頭像以及君王的名號，可以判定錢幣發行之時的
在位君王，但當君王崩殂或新王繼立以後，市面上通行的錢幣未必可以快速
回收，也未必有回收的必要而繼續的在流通和在使用中。是以錢幣流通的時
期往往較發行錢幣君王在位的時期來得更爲長久，僅憑錢幣流通時期估測君
主在位時期，有時年代未必重合。故而，對於丘就卻與閻膏珍的在位年代，
尚需憑藉碑銘文字上的君王名號及其上所附列的紀年加以判斷。關於貴霜帝
國「第一王朝」的相關碑銘資料有下列數種：

| 編號 | 銘文名稱 | 超日紀元年代 | 塞種紀元年代 | 基督紀元年代 | 所屬王名 |
|---|---|---|---|---|---|
| 1 | 坦叉始羅銀瓶 | | 一九一年 | 西元三十六年 | 吉赫尼迦州長 |
| 2 | 塔克特‧依‧巴希 | 一〇三年 | | 西元四十五年 | 岡德法內斯 |
| 3 | 盤遮塔 | 一二二年 | | 西元六十五年 | 丘就卻 |
| 4 | 伽拉萬 | 一三四年 | | 西元七十六年 | |
| 5 | 坦叉始羅銀瓶 | 一三六年 | | 西元七十八年 | 索特‧美格斯 |
| 6 | 納什特‧依‧納瓦爾 | | 二七九年 | 西元一二四年 | 閻膏珍 |
| 7 | 蘇爾克‧庫塔勒 | | 二七九年 | 西元一二四年 | 閻膏珍 |

〔註47〕黃靖：〈貴霜帝國的年代體系〉；《中亞學刊》第 2 輯（1987 年 8 月），頁 28。
〔註48〕黃靖：〈貴霜帝國的年代體系〉；《中亞學刊》第 2 輯（1987 年 8 月），頁 26。

| 8 | 卡拉則 | 一八七年 | | 西元一二九年 | 閻膏珍 |

黃靖根據以上資料，將貴霜帝國「第一王朝」的王系訂定了如下的年代：〔註49〕

| 王　名 | 王號 | 基督紀元 | 中國紀元 |
|---|---|---|---|
| ④丘就卻 | 1 貴霜翕侯 | 西元二〇至四五年 | 新地皇元年至東漢光武建武二一年 |
| | 2 貴霜王 | 西元四五至五五年 | 東漢光武建武二一至三一年 |
| | 3 王中之王 | 西元五五至七五年 | 東漢光武建武三一年至明帝永平一八年。 |
| ④索特・美格斯（無名王） | | 西元七八年至一〇四年 | 東漢章帝建初三年至和帝永元一六年。 |
| ④閻膏珍 | 王中之王 | 西元一〇五至一三〇年 | 東漢和帝元興元年至順帝永建五年。 |

　　至於貴霜帝國「第二王朝」的錢幣，尤其是伽膩色迦所發現金幣或銅幣（見附圖七、八），錢幣上鑄印的守護神則多爲佛陀釋迦牟尼，〔註50〕這可以顯示出貴霜帝國的宗教背景不斷地隨版圖的擴大而出現當地地域文化的色彩。從貴霜帝國「第一王朝」丘就卻時代錢幣上的希臘羅馬神祇到閻膏珍時代錢幣上的濕婆神與公牛像，以至貴霜帝國「第二王朝」伽膩色迦時代錢幣上所出現的佛陀像，反映出貴霜帝國自大夏地方的希臘文化色彩，轉至旁遮普地方的印度河谷文明遺留下的宗教文化特色，乃至於恆河流域的孔雀王朝所澱積出的佛教文明。

　　再就貴霜帝國「第二王朝」的碑銘文字來看，黃靖歸結出：

　　　　伽德菲塞斯王系「第一王朝」的官方文字是佉盧文，迄今發現的貴
　　　　霜銘文幾乎全用這種文體（或其變體）寫成。而伽膩色迦以后，貴
　　　　霜官方便停止使用佉盧文，錢幣上的佉盧文也消失了，兩面均用一
　　　　種訛誤甚多的希臘文（或即巴克特里亞文）。但銘文則多用婆羅謎文
　　　　體刻寫，并逐漸發展起一種迄今尚不能完全譯讀的巴克特里亞文，
　　　　其絕大多數字母借用希臘文，表達的是一種巴克特里亞及其周圍地

〔註49〕黃靖：〈貴霜帝國的年代體系〉；《中亞學刊》第 2 輯（1987 年 8 月），頁 31。
〔註50〕田邊勝美：〈仏陀像を刻印したカニシュカ一世の貨幣について〉；《東洋文化》55 期（東京大學東洋文化研究所）（1975 年 3 月 31 日），頁 88〜95。

區使用的中期伊朗語（亦稱「眞正吐火羅語」），從語言文字的角度
來看，伽膩色迦王系的本地色彩要更濃些。〔註51〕

關於伽膩色迦王朝在碑銘上使用大夏地方或中亞地區所流行的巴克特利亞語
（或稱「眞正的吐火羅語」），黃靖的看法是：

> 有關伽膩色迦的最早記載發現于印北方〔王〕邦，而「據我們現有
> 的認識水準，只能推測閻膏珍的統治包括該地區在內，但還不能確
> 證之（R. C. Majumdar：《The ge of Imperil Unity》, London, 1953.
> P.141）」，據以上幾點，或可以認爲伽膩色迦即閻膏珍「復滅天竺，
> 置將一人兼領之」的「將」，也可能是這位「將」的兒子（如此，則
> 此「將」應即是庫茲伽色迦）。他在閻去世後，擁兵自立，最後成爲
> 貴霜帝國的新主。〔註52〕

貴霜帝國「第二王朝」在碑銘文字反映出大夏地方的地域文化，黃靖認爲出
於「第二王朝」與「第一王朝」王系的變化，但是這不一定合於推理也不一
定合乎事實。尤其是對於錢幣上鑄印神像所反映出一些地域宗教文化的轉
變，特別在「第二王朝」錢幣上鑄印佛像所反映出印度孔雀王朝以來恆河流
域的佛教文化，以及「第二王朝」錢幣上所使用的婆羅謎文字體爲何與「第
二王朝」碑銘文字所展現的大夏地域文化有所不同。是以，我們有必要重新
回顧漢文史料，由漢文資料中爲貴霜帝國「第一王朝」與「第二王朝」在錢
幣鑄印文字，錢幣鑄印的守護神祇以及碑銘上所展現的官方文字的變化，找
尋出更合理的解釋。

## 第三節　貴霜帝國的統治族系與地域文化

　　由於月氏族在春秋戰國時期是由中亞東移至中國甘肅省河西走廊，因此
在族源上與吐火羅族同屬於印歐白種西徐亞人，造成了貴霜帝國起源階段統
治族屬的混淆。然而經過年代及地域的定位，貴霜帝國「第一王朝」係由大
月氏族統領吐火羅大夏國所在地域的貴霜翎侯所逐步發展擴張而成，則已無
疑議。但是對於貴霜帝國「第二王朝」所表現出不同於「第一王朝」的宗教、
文字風貌以及後世誤稱貴霜帝國爲吐火羅國的原因，皆是貴霜帝國統治族系

---

〔註51〕黃靖：〈貴霜帝國的年代體系〉；《中亞學刊》第 2 輯（1987 年 8 月），頁 32。
〔註52〕黃靖：〈貴霜帝國的年代體系〉；《中亞學刊》第 2 輯（1987 年 8 月），頁 32。

變化中有待解釋的重要課題。

我們回顧《後漢書》〈三國志〉以來的正史，都以大月氏稱呼貴霜帝國，這段時期，依年代排列，中國對月氏族的記載如下：

1. 大月氏國居藍城族…戶十萬，口四十萬，勝兵十餘萬人。初，月氏爲匈奴所滅，遂遷於大夏，分其國爲休密、雙靡、貴霜、肹頓、都密，凡五部翕侯。後百餘歲，貴霜翕侯丘就卻攻滅四翕侯，自立爲王，國號貴霜（王）。侵安息，取高附地。又滅濮達。罽賓，悉有其國。丘就卻年八十餘死，子閻膏珍代爲王．復滅天竺，置將一人監領之。月氏自此之後，最爲富盛，諸國稱之皆曰貴霜王．漢本其故號，言大月氏云。〔註53〕

2. 湟中月氏胡，其先大月氏之別也，舊在張掖、酒泉地。月氏王爲匈奴冒頓所殺，餘種分散，西踰蔥嶺。其羸弱者南入山阻，依諸羌居止，遂與共婚姻。及驃騎將軍霍去病破匈奴，取西河地，開湟中，於是月氏來降，與漢人錯居。雖依附縣官，而首施兩端，其從漢兵戰鬥，隨勢強弱。被服飲食言語略與羌同，亦以父母姓爲種。其大種有七，勝兵合九千餘人，分在湟中及令居。又數百戶在張掖，號曰「義從胡」。中平元年（西元184年），與北宮伯玉等反，殺護羌校尉泠徵、金城太守陳懿，遂寇亂隴右焉。〔註54〕

3. 大月氏國，都盧監氏城，在弗敵沙西，去代一萬四千五百里。北與蠕蠕接，數爲所侵，遂西徙都薄羅城，去弗敵沙二千一百里。其王寄多羅勇武，遂興師越大山，南侵北天竺，自乾陀羅以北五國盡役屬之。〔註55〕

4. 小月氏國，都富樓沙城。其王本大月氏王寄多羅子也。寄多羅爲匈奴所逐，西徙後令其子守此城，因號小月氏焉……其先居西平、張掖之間，被服頗與羌同。其俗以金銀錢爲貨。隨畜移徙，亦類匈奴。其城東十里有佛塔，周三百五十步，高三千丈。自佛塔初建，計自武帝八年，八百四十二年，所謂「百丈佛圖」也。

〔註53〕《後漢書》〈西域傳〉（鼎文書局），頁2920～2921。
〔註54〕《後漢書》〈西羌傳〉（鼎文書局），頁2899。
〔註55〕《魏書》〈西域列傳〉（鼎文書局），頁2275，《北史》同。

〔註56〕

南北朝史料所載的月氏王寄多羅，亦即貴霜帝國的創始者丘就卻。因此，若根據以上資料可發現月氏族後來分成三支，最大的一個支族即爲被匈奴逼迫西遷阿姆河君臨大夏地方而後由貴霜翖侯南聯希臘巴克特列利亞王室統一大夏地方並創建貴霜帝國的大月氏族；其次則爲被匈奴逼迫南入羌地的湟中月氏胡或義從胡的中國小月氏族；另外則爲丘就卻（或寄多羅）子（或部將）留居中亞富樓沙城而於《魏書》、《北史》、《新唐書》中稱「昭武九姓」的中亞小月氏族。由於月氏族共有此三支系，故常造成後代的混稱。日人羽田亨即主張大月氏不出中亞阿姆河與錫爾河河間區的粟特地方，因「依南北朝之記錄，索格底亞（即粟特地方）諸國王朝都爲此大月氏之後裔」。〔註57〕羽田亨所稱的大月氏之後裔，實爲中亞小月氏之後裔。而羽田亨另外主張貴霜王朝的統治族系出於吐火羅族的大夏國，亦出於對中文史料的誤解。羽田亨研究結論如下：

> 在臣屬于大月氏的大夏即吐火羅有相當于五將軍的五翖侯，他們各有領地，都屬于大月氏。這些領地之名爲休密、雙靡、肸頓、高附。當貴霜之翖侯丘就卻時代，滅了其他四翖侯，自號貴霜王，更併有安息及近傍諸國。到了其子閻膏珍時代，又滅天竺，益發強大起來。此吐火羅族建立的貴霜王朝即西方記錄中的 Kushan 王朝，著名的伽膩色迦王即此王朝之人。中國也稱此王朝爲大月氏，這是基于大月氏臣畜了大夏的原因，遂也習慣上用此稱大夏人之王朝，實際上漢人也知道不應稱爲大月氏。〔註58〕

關於貴霜翖侯丘就卻的族屬，本文第二章翖侯與翕侯的建置傳統中已詳細討論，亦即翖侯的語源雖爲粟特語，但在漢代翖侯的建置已不限於粟特地方。而以西域所出現的翖侯人物來看，除了匈奴及漢所收留的降將「故胡小王」趙信可能本其故國的翕侯封號而非匈奴或漢的親王之外，其他如康居、烏孫

---

〔註56〕《魏書》〈西域列傳〉（鼎文書局），頁 2277。
〔註57〕羽田亨：《西域文化史》（座石寶刊行會版），頁 49，又見羽田亨著；耿世民譯：《西域文化史》（新疆：新疆人民出版社，1981 年 9 月），頁 27。
〔註58〕羽田亨：《西域文化史》（座石寶刊行會版），頁 48。又見羽田亨著；耿世民譯：《西域文化史》（新疆：新疆人民出版社，1981 年 9 月），頁 26。又見羽田亨：《大月氏及び貴霜に就いて》，《史學雜誌》41 編 9 號（昭和 5 年 9 月 1 日；1930 年）頁 1～27。

的翖侯皆爲同族的親王。因此，由《史記》載張騫通使吐火羅所統領的大夏國中未出現翖侯的建置，即可證明貴霜翖侯不出於吐火羅人的政治建置。是以《後漢書》稱「諸國稱之皆曰貴霜王，漢本其故號，言大月氏云」，《後漢書》之所以不稱貴霜帝國爲大夏，並不是如羽田亨所認爲出自將錯就錯的稱呼，而是自《漢書》成書時代以來，大夏地方基於大月氏統領需要而已被大月氏劃爲五翖侯的區域，並自中央王庭派員統領。

關於大月氏建立貴霜帝國之後，月氏族與漢的官方外交關係亦不時出現於中國正史之中，僅依年代排列如下：

> （章帝）章和元年（西元 87 年）……是歲，西域長史班超擊莎車，大破之，月氏國遣使獻扶拔、師子。〔註59〕

> （和帝永元）二年（西元 90 年）……夏五月……月氏國遣兵攻西域長史班超，超擊降之。〔註60〕

> 初，月氏嘗助漢擊車師有功，是歲奉珍寶、符拔、師子，因求漢公主。超拒還其使，由是怨恨，永元二年（西元 90 年），月氏遣其副王謝將兵七萬攻超。超眾少，皆大恐，超譬軍士曰：「月氏兵雖多，然數千里踰蔥領來，非有運輸，何足憂邪？但當收穀堅守，彼飢窮自降，不過數十日決矣。」謝遂前攻超，不下，又鈔掠無所得。超度其糧將盡，必從龜茲求救，乃遣兵數百於東界要之。謝果遣騎齎金銀珠玉以賂龜茲，超伏兵遮擊，盡殺之，持其使首以示謝。謝大驚，即遣使謝罪，願得生歸。超縱遣之。月氏由是大震，歲奉貢獻。〔註61〕

> （靈帝）中平元年（西元 184 年）……冬……十一月……湟中義從胡北宮伯玉與先零羌叛，以金城邊章。韓遂爲軍帥，攻殺護羌校尉伶徵、金城太守陳懿。〔註62〕

> （魏明帝太和）三年（西元 229 年）……十二月……癸卯，大月氏王波調遣使奉獻，以調爲親魏大月氏王。〔註63〕

其中，被封爲「親魏大月氏王」的波調，已是貴霜帝國「第二王朝」的君主。

---

〔註59〕 《後漢書》〈肅宗孝章帝紀〉（鼎文書局），頁 156～158。

〔註60〕 《後漢書》〈孝和孝殤帝紀〉（鼎文書局），頁 170。

〔註61〕 《後漢書》〈班超列傳〉（鼎文書局），頁 1580。

〔註62〕 《後漢書》〈孝靈帝紀〉（鼎文書局），頁 350。

〔註63〕 《三國志》、《魏書》、《明帝紀》（鼎文書局），頁 96～97。

關於貴霜帝國「第二王朝」的帝王世系，仍需依賴當時碑銘文字中的帝王名號及紀年加以歸納。貴霜帝國「第二王朝」時期的碑銘文字，目前發現的有以下數種：[註64]

| 王　名 | 銘　文 | 王　號 | 伽膩色迦紀元 | 西元紀元 |
|---|---|---|---|---|
| 婆什色迦 | 1.伊薩魯爾 | 大　王 | 二十四年 | 西元一六三年 |
| | Isapur | 王中之王 | | |
| | 2.占　西 | 大　王 | 二十八年 | 西元一六七年 |
| | Sanchi | 王中之王 | | |
| | | 天　子 | | |
| 胡毗色迦 | 1. 馬土臘 | 天　子 | 二十八年 | 西元一六七年 |
| | Mathura | | | |
| | 2. 喬巴拉 | 大　王 | 三十三年 | 西元一七二年 |
| | Chaubra | 天　子 | | |
| | 3. 恰爾迦昂 | 大　王 | 四十年 | 西元一七九年 |
| | Chargaon | 王中之王 | | |
| | | 天　子 | | |
| 伽膩色迦二世 | 阿　拉 | 大　王 | 四十一年 | 西元一八〇年 |
| | Ara | 王中之王 | | |
| | | 凱　撒 | | |
| 胡毗色迦 | 1. 馬土臘 | 大　王 | 四十四年 | 西元一八三年 |
| | 2. 馬土臘 | 大　王 | 四十八年 | 西元一八七年 |
| | 3. 杰馬勒普爾 | 大　王 | 五十一年 | 西元一九〇年 |
| | Jemalpur | 天　子 | | |
| | 4. 瓦爾達克 | 大　王 | 五十一年 | 西元一九〇年 |
| | Wardak | 王中之王 | | |
| | | 天　子 | | |
| | 5. 坎迦利 | 大　王 | 六十年 | 西元一九九年 |
| | Kakali | 王中之王 | | |
| | | 天　子 | | |

其中「大王」的稱號，亦即梵文中的大羅闍（Maha Raja，महा राजा），據說是貴霜帝國副王通常採用的稱號，[註65]貴霜帝國的大羅闍或副王亦即

[註64] 黃靖：〈貴霜帝國的年代體系〉，《中亞學刊》第2輯（1987年8月），頁38～39。
[註65] 黃靖：〈貴霜帝國的年代體系〉，《中亞學刊》第2輯（1987年8月），頁40。

《漢書》所謂的翖侯建置，這種帝國之中的部落或城邦封建制度盛行於中亞、西域及印度西北部的地域。而根據以上碑銘所附記的伽膩色迦紀元來加以推算，貴霜帝國「第二王朝」的王系繫年如下：〔註66〕

| 王　名 | 伽膩色迦紀元 | 西元紀元 | 中國紀元 |
|---|---|---|---|
| 1.伽膩色迦一世 Kanishka I | 二至二三年 | 西元 141 至 162 年 | 東漢順帝永和六年至桓帝延熹五年 |
| 2.婆什色迦 Vasiska | 二四至二八年 | 西元 163 年至 167 年 | 東漢桓帝延熹六年至靈帝永康元年 |
| 3.胡毗色迦一世 Huviska I | 二八至四〇年 | 西元 167 年至 179 年 | 東漢靈帝永康元年至光和二年 |
| 4.伽膩色迦二世 Kanishka II | 四一至五一年 | 西元 180 年至 190 年 | 東漢靈帝光和三年至獻帝初平元年 |
| 5.胡毗色迦二世 Huviska II | 五一至六〇年 | 西元 190 年至 199 年 | 東漢獻帝初平元年至建安四年 |
| 6.波　調 Vasudeva | 七四至九八年 | 西元 213 年至 237 年 | 東漢獻帝建安十八年至魏明帝景初元年 |

由於貴霜帝國「第二王朝」的事蹟僅於《三國志》中載有貴霜王「遣使奉獻」，而所謂的貴霜王使者，又有可能出於大月氏族或中亞小月氏族的商賈所冒充，貴霜王波調也未必受封爲「親魏大月氏王」；但是這段史料顯示，至少在魏明帝之時，中國尚知貴霜帝國，尚有月氏族的訊息。自此以後，貴霜帝國在伊朗薩珊王朝和印度笈多王朝（西元 320～540）的沖擊之下，終於瓦解消沉。此外，上表所列貴霜帝國「第二王朝」帝王的考古文物顯示：

> 除胡毗色迦二世的瓦達克 51 年銘文在高附地區外，兩個胡毗色迦的銘文幾乎全部發現于此。這與第一貴霜的銘文均發現于馬土臘地區，並且，第二貴霜的大多數銘文均發現于此。這與第一貴霜的銘文均發現于西北印度及高附地區形成鮮明對比。這表明，伽膩色迦以降，貴霜統治中心逐漸由西北印度東南移，這個轉移至胡毗色迦時，貴霜王庭主要移至馬土臘（夏都仍在高附地區）而告結束。錢幣的發現也證明了這一點，在坦叉始羅地區發現的鑄有胡毗色迦之

---

〔註66〕黃靖：〈貴霜帝國的年代體系〉；《中亞學刊》第 2 輯（1987 年 8 月），頁 32、41。

名的錢幣僅 73 枚，其數之少在貴霜諸王中絕無僅有。這種轉移，無
疑是貴霜王朝印度化的結果，而統治中心從西北印度移至恆河中游
又進一步促進了貴霜王朝的印度化，這種貴霜末王波調的純粹印度
名字和其錢幣幣上單一的濕婆崇拜可得到證明。但波調的錢幣重又
在西北印度大量發現，僅坦又始羅就發現 831 枚之多，甚至在花剌
子模也發現 318 枚，超過閻膏珍（6 枚）和伽膩色迦（8 枚）的總和。
可見，波調時又加強了對西北印度的統治，這顯然與抵禦薩珊有關。
〔註 67〕

前文曾述及，貴霜帝國「第一王朝」丘就卻時期的錢幣多鑄印希臘羅馬神祇，
閻膏珍時期的錢幣則出現有鑄印濕婆神神像與公牛，而貴霜帝國「第二王朝」
伽膩色伽時期的錢幣則多鑄印佛陀釋迦牟尼像。以上資料又顯示，貴霜帝國
「第二王朝」的末代帝王波調時期的錢幣上則出現單一的濕婆崇拜。由錢幣
上守護神祇的演變，可以證實宗教神祇崇拜現象的轉變，反映出貴霜帝國自
大夏地方五翕侯至印度河谷地區「第一王朝」乃至以恆河流域爲統治中心「第
二王朝」的文化變遷。這種文化變遷可能不是貴霜帝國「第一王朝」與「第
二王朝」統治族系之間的變所造成的，而有可能是貴霜帝國逐步受印度地域
文化影響的結果。

　　在貴霜帝國「第一王朝」丘就卻時代，貴霜帝國民間的宗教崇拜到大夏
地方希臘巴克特利亞文化影響，因此錢幣多鑄印希臘羅馬神祇。貴霜帝國「第
一王朝」閻膏珍時代，貴霜帝國所呈顯的宗教信仰中則含有印度河谷文明地
域文化色彩。貴霜帝國「第二王朝」伽膩色迦時期所表現於錢幣上的佛陀神
像，則不僅顯示出伽膩色迦王的個人教信仰及由其主持佛教第二次結集所帶
動的佛學思朝，更顯示出貴霜帝國基於行政中心由印度河流域至恆河流域的
轉移，而導致宗教信仰由土著濕婆神信仰轉爲盛行於恆河流域孔雀王朝的佛
教信仰；是以，伽膩色迦錢幣印佛像所象徵的意義，不僅限於當時統治者伽
膩色迦王個人及由其所推動的宗教崇拜，更反映出當時行於印度「中國」恆
河流域一帶的佛教有部哲學思潮。故而，貴霜帝國「第二王朝」波調時期錢
幣所出現的單一濕婆神崇拜，也代表著佛教的沒落和印度教的重新崛起。

　　關於統治族系變化的說法，我們可以參貴霜帝國「第二王朝」於恆河流

〔註 67〕黃靖：〈貴霜帝國的年代體系〉；《中亞學刊》第 2 輯（1987 年 8 月），頁 40～
41。

域馬土臘地區所建的帝王石像（見附圖一）以及伽膩色迦時期的貴霜帝國的浮雕石刻士兵人像（見附圖九）。由圖像中可以顯現出，貴霜帝國的統治者及被統治者皆保有印歐種的鬈髮、大眼、深目、高鼻的特徵，以及印度斯坦人種較平順的鼻樑、較圓的鼻端及較闊的口部的特色。

再就貴霜帝國所使用的文字來看，「第一王朝」使用佉盧文，「第二王朝」錢幣使用婆羅謎文，碑銘使用新發展出的希臘——巴克特利亞字母的拼音文字，以及貴霜帝國「第二王朝」末代君主波調「純粹的印度名字」，可發現貴霜帝國在文字方面所顯現的變化，也說明貴霜帝國逐步印度化，並由帝國政治上的統一導致文化上出現統一的錢幣、神祇與文字。

# 第六章　結論：貴霜帝國與大夏地方

　　貴霜帝國出於月氏族統領的貴霜翎侯，而從大夏地方逐步開展擴張成爲
政治統一貿易發達的帝國規模。貴霜帝國統治族系與被統治族系雖然同出於
印歐族，但是受到各個支族的歷史發展及其所經地域文化的滲透影響，貴霜
帝國各個階段皆呈現不同的文化現象。貴霜帝國「第一王朝」在語言文字和
貨幣紋飾上充分表現出大夏地方的土著城邦文明，以及前期統治者希臘──
巴克特利亞人的宗教文化。但在「第一王朝」的後期，則因版圖的擴張而使
帝國文化呈現出印度河谷文明中濕婆神的宗教信仰色彩。此外，從「第二王
朝」開始，政治中心轉移至恆河流域，文化現象也反映出孔雀王朝以來印度
所流行的佛教信仰及由婆羅門教復甦新興的印度教濕婆信仰。因此，我們可
以說大夏地方的文化只是貴霜帝國複雜多樣地域文化中的一支；它非但不能
代表整個貴霜帝國的文化，並且隨著政治中心的遷移及統一文化的出現，大
夏地方的地域性文化也不再是貴霜帝國文化的主流。

　　研究者所經常誤以爲貴霜帝國的前身爲大夏國，或誤以爲貴霜帝國的統
治族系爲漢代大夏國的統治者吐火羅人，此皆出於對貴霜翎侯所在地域大夏
地方各期統治族系的混淆。本文指出吐火羅與月氏族同出於印歐白種西徐亞
的支族，因早期兩族同源，在貴霜帝國成立之後兩族極易融合；但吐火羅族
源自中亞，與曾至中國甘肅再由伊犁地方重回中亞的大月氏族有不同的經
歷。而吐火羅族於西元 140 年進入大夏地方，當時大月氏尚在遷徙途中，因
此貴霜帝國的統治族系大月氏，雖在人種上與吐火羅接近，卻不等同於較早
進入大夏地方的吐火羅族。

　　基於大夏地方爲貴霜帝國起源階段的根據地，諸如地名相同而造成大月

氏與吐火羅族名混稱的情形，也曾出現在因地名相同造成國名相混淆的情況，例如誤將南北朝以後的吐火羅國等同於魏以前的貴霜帝國。我們由中文史料中，可逐步證實此一謬誤。

《魏書》記載：

> （北魏高宗文成帝和平五年）冬十二月……吐呼羅國遣使朝獻。[註1]

> 吐呼羅國，去代一萬二千里，東至范陽國，西至悉萬斤國，中間相去二千里；南至連山，不知名；北至波斯國，中間相去一萬里。國中有薄提城，周匝六十里。城南有溪流大水，名漢樓河。土宜五穀，有好馬、駝、騾，其王曾遣使朝貢。[註2]

北魏文成帝和平五年，亦即西元 464 年，而貴霜帝國的末代君主波調的在位期間是西元 213 至 237 年。因此《魏書》所載遣朝貢的吐呼羅國並不是貴霜帝國，當時貴霜帝國已瓦解。

《隋書》亦載有吐火羅國的資料：

> （隋煬帝大業）十一年……吐火羅……等國並遣使朝貢。[註3]

> 吐火羅國，都蔥嶺西五百里，與挹怛雜居。都城方二里，勝兵十萬人，皆習戰。其俗奉佛……大業中，遣使朝貢。[註4]

《隋書》所載的吐火羅國，亦曾於隋煬帝大業十一年（即西元 615 年）遣使朝貢，由於其時貴霜帝國已衰亡，因此《隋書》所載的吐火羅國也不是貴霜帝國。

至於《新唐書》所言：

> 吐火羅國，或曰土豁羅，曰硯貨邏，元魏謂吐呼羅者。居蔥嶺西，烏滸河之南，古大夏地，與挹怛雜處……其王號葉護……挹怛國，漢大月氏之種，大月氏爲烏孫所奪，西過大宛，擊大夏臣之，治藍氏城，大夏即吐火羅也。[註5]

《新唐書》指出北魏至唐的吐火羅國，其所在地域正居漢代張騫通西域時期大夏國在地點的大夏地方。是以，北魏至唐代的吐火羅國，並不等同於漢代

---

〔註 1〕 《魏書》〈高宗紀〉（鼎文書局），頁 122。
〔註 2〕 《魏書》〈西域傳〉（鼎文書局），頁 2277。
〔註 3〕 《隋書》〈煬帝紀〉（鼎文書局），頁 88。
〔註 4〕 《隋書》〈西域列傳〉（鼎文書局），頁 1853。
〔註 5〕 《新唐書》〈西域列傳〉（鼎文書局），頁 6252。

建立大夏國的吐火羅族。而更甚於年代之間的差距，北魏至唐代的吐火羅國與貴霜帝國無涉。是以，貴霜帝國雖起源於大夏地方，但與大夏地方日後所出現的吐火羅國在種屬上並不重合，在政權方面也並不連續。而貴霜帝國極盛時期的版圖實不限於大夏地方，在出現以恆河流域爲中心帝國統一政權之後，貴霜帝國的主流文化亦不再是大夏地方的地域文化。因此貴霜帝國與大夏地方其他政權或種族之間的混淆，實肇因於貴霜翕侯統治者族屬的誤認，而此一問題的澄清及相關問題的解決，則爲本文的主旨。

# 參考資料

## 中文參考資料

1. 《史記》〈匈奴傳〉、〈大宛列傳〉。
2. 《漢書》〈張騫傳〉、〈匈奴傳〉、〈西域傳〉。
3. 《後漢書》〈西域傳〉。
4. 《魏書》〈西域傳〉。
5. 《北史》〈西域傳〉。
6. 《新唐書》〈西域傳〉。
7. （清）丁謙：〈大夏國考〉；《蓬萊軒地理學叢書》（台北：藝文，民 60 年）（據民四年浙江圖書館校刊本影印）。
8. （清）丁謙：《漢書匈奴傳地理考證》；《蓬萊軒地理學叢書》（台北：藝文，民 60 年）（據民四年浙江圖書館校刊本影印）。
9. （清）丁謙：《漢書西域傳地理考證》；《蓬萊軒地理學叢書》（台北：藝文，民 60 年）（據民四年浙江圖書館校刊本影印）。
10. （清）丁謙：《後漢書西域傳地理考證》；《蓬萊軒地理學叢書》（台北：藝文，民 60 年）（據民四年浙江圖書館校刊本影印）。
11. 丁鶴年：〈漢代西域行政制度述略〉；《文史月刊》2：5（1934 年 2 月）。
12. （清）七十一著：《西域總志》（台北：文海，民 56 年）（據喜慶戊寅強恕堂藏版影印）。
13. 子範：〈吐火羅語略說〉；《邊政公論》2：9.10（民 32 年；1943 年）。
14. 方豪：《中西交通史》（台北：中國文化大學出版社，民 72 年）。
15. 水天長：〈略論大月氏貴霜帝國的建立及其族系關係〉；《西北師範學院學報》。

16. 王小甫：〈先秦我國西北的塞種〉；《西北史地》1987：1，1985：4。

17. 王宗維：〈敦煌釋名──兼論中國吐火羅人〉；《西北史地》1987：1。

18. 王明哲：〈論漢代烏孫族對伊犁河流域的開發──關於漢代烏孫族人口發展的研究〉；《新疆社會科學》1983：1。

19. 王治來：《中亞史》（北京：社會科學出版社，1980年）。

20. 王恢：《中國歷史地理》（台北：學生，民65年）。

21. 王炳華：〈烏孫名王翁歸靡〉；《新疆歷史人物》，1982年3月。

22. 王炳華，王明哲：〈烏孫歷史上幾個重大問題的探討〉；《新疆社會科學》3期（1982年）。

23. 王炳華：〈古代新疆塞人歷史鉤沉〉；《新疆社會科學》1期（1985年）。

24. 王炳華：〈烏孫王難兜靡死于大月氏考〉；《西域論叢》2輯（1985年）。

25. 王國維：〈月氏未西徙大夏時故地考〉；《觀堂別集》集一（台北：世界，民72年）（五版）。

26. 安馬彌一郎著；王崇武譯：〈月氏西遷考〉；《禹貢半月刊》5：8.9期（原著成於1932年）（民25年7月刊出）。

27. 王斐烈：〈論吐火羅〉；《學術界》1：4.5.6期至2：1期（1943年11月～1944年2月）。

28. 石泉：〈漢代出使西域的兩位英雄──張騫與班超〉；《建國月刊》9：4（1933年10月）。

29. 斯坦因著；向達譯：《斯坦因西域考古記》（原著成於1932年9月）（上海：中華，民24年）。

30. 向達：〈漢唐間西域及南海諸國地理書敘錄〉；《北平圖書館館刊》2：11（民30年，1941年）。

31. 向達：〈昭武考（大月氏拾遺）〉；《大公報文史週刊》10期（1946年12月18日）。

32. 朱杰勤：《中外關係史論文集》（河南：河南人民出版社，1984年）。

33. 何光岳：〈郁夷、大月氏的來源和遷徙〉；《新疆社會科學》1986：5。

34. 余太山：〈烏孫考〉；《西北史地》1988：1。

35. 余勝椿：〈史記匈奴列傳與漢書匈奴傳及其注文新校札記〉；《民族研究》1985：1。

36. 吳俊才：《印度史》（台北：三民，民70年10月）。

37. 吳祥驥：〈希臘與西域及張騫之通史〉；《新苗》8期（1936年9月）。

38. 岑仲勉：《漢書西域傳地理校譯》（北京：中華，1981年2月）。

39. R.C. Majumdar 等著；李志夫譯：《印度通史》（台北：國立編譯館，民70

年 12 月）。

40. 李東華：〈印度洋與古代中非交通之開展〉；《食貨月刊復刊》7：4（1977年）。

41. 李東華：〈漢書地理志載中印航海行程之再探討〉；《中原》8 期（1978年9月）。

42. （清）李恢垣：《漢西域圖考》（原稿成於清同治八年；1869年）（台北：樂天重印，民 63）。

43. 斯文赫定著；李述禮驛：《亞洲腹地旅行記——斯文赫定之探險生涯》（原著成於 1927 年）（譯著見台北，開明，民 49 年）。

44. 奧西波夫著；李稼年譯：《十世紀前的印度簡史》（北京：三聯，1957年）。

45. 沈福偉：《中西文化交流史》（上海，1985）（台北：東華書局再版，民78 年 12 月）。

46. 汪寧生：〈漢晉西域與祖國文明〉；《考古學報》1977：1。

47. 加富羅夫著；肖之興譯：《中亞塔吉克史》（北京：中國社會出版社，1985年）。

48. 周祥光編著：《印度通史》（原譯著成於民 45 年）（台北：大乘精舍重印，民 70 年）。

49. 周連寬，張榮芳：〈漢代我國與東南亞國家的海上交通和貿易關係〉；《文史》9 期（1980 年 6 月）。

50. 孟凡人：〈烏孫的活動地域和赤谷城的方位〉；《甘肅大學學報》1978：1。

51. 孟凡人：〈論烏孫西遷前的活動地域〉；《北庭史地研究》（1985 年 4 月）。

52. 季羨林：〈吐火羅語的發現與考釋及其在中印文化交流中的作用〉；《歷史研究》4 期（1954 年）又見《語言研究》1 期（1956 年 12 月）又見《中印文化關係史論叢》（1957 年）。

53. 季羨林：〈關於中印文化的交流〉，原載《光明日報》（1954 年 10 月 21日），又見《新華月報》11 期（1954 年）。

54. 季羨林：〈中國蠶絲輸入印度問題的初步研究〉；《歷史研究》4 期（1954年）。

55. 季羨林：《中印文化關係史論文集》（北京：三聯，1982 年）。

56. 東初：〈中印佛交通史〉；《佛教文化》1：5（民 55 年）。

57. 東初：〈漢通西域與佛教之東傳〉；《佛教文化》1：6（民 56 年）。

58. 東初：《中印佛教交通史》（台北：東初出版社，民 57 年）。

59. 林幹：〈烏孫及其與西漢王朝的關係〉；《新疆社會科學》3 期（1982 年）。

60. 林幹：《匈奴歷史年表》（北京：中華，1984 年）。

61. （清）祁韻士輯：《西域釋地》（清道光十六年）見《叢書集成新編》第

九十七冊（台北：新文豐影印，民 74 年）。

62. 金克木：《印度文化論集》（河南：河南人民出版社，1984 年）。

63. 柳貽徵：〈大夏考〉；《史地學報》2：8（1924 年 2 月）又見《邊疆》3 期（1936 年 9 月）又見《柳翼謀先生文錄》（1970 年）。

64. 郎樹德：〈甘肅考古十年〉；《西北史地》1989 年 4 月。

65. （日）榎一雄著；袁林譯：〈漢書西域傳研究 —— 以呼爾威斯和岑仲勉兩人最近成異爲中心〉；《西北史地》1983 年 3 月。

66. 夏光南：《中印緬道交通史》（上海：中華，民 37 年）。

67. 徐中舒，鄭德坤，馮家昇等：〈月氏爲虞后及氏和氏的問題〉；《燕京學報》13 期（1933 年 6 月）。

68. 徐玉虎：〈前漢書地理志載中印航海行程考〉；《輔仁大學人文學報》2 期（1972）。

69. （清）徐松：〈漢書西域傳補注〉（清道光九年）見《叢書集成新編》第九十七冊（台北：新文豐影印，民 74 年）。

70. 書蠹：〈河西走廊最古的居民 —— 月氏，南遷甘肅考〉；《西北日報》（1947 年 6 月 12 日）又見《西北民族宗教史料文摘》（1985 年 4 月）。

71. 桑秀雲：〈蜀布邛竹傳至大夏路徑的蠡測〉；《中央研究院歷史語言研究所集刊》第 41 本第 1 分（民 58 年 3 月）。

72. 巴爾托里德著；耿世民驛：《中亞簡史》（新疆：新疆人民出版社，1980 年）。

73. （日）羽田亨著；耿世民譯：《西域文明史》（新疆：新疆人民出版社，1981 年）。

74. 馬元材：〈自張騫至班超之絲路經營〉；《河南政治月刊》2：11（1941 年 6 月）。

75. 中國社會科學院主編，馬曼麗編著：《甘肅民族史入門》（西寧：青海人民出版社，1988）。

76. 馬曼麗：〈關於烏孫西徙蔥嶺的幾個爭論問題〉；《西北史地》1990 年 2 月。

77. 常任俠：〈中印文化的交流〉；《新建設》5：3（1952 年）。

78. 常任俠：《海上絲路與文化交流》（北京：海洋，1985 年）。

79. 加合甫，朱尼斯著；張天熹譯：〈烏孫國與烏孫〉；《伊犁師範學院學報》2 期（1983 年）。

80. 張西曼：〈大月氏人種及西竄年代考〉；《西北問題》1：4（1935 年）又見《開發西北》3：6（1935 年 3 月）又見《蒙藏月報》3：3、4 期（1935 年 6～7 月），又見《西北族宗教史料文摘》（1985 年 4 月）。

81. 張西曼：〈烏孫即哈薩克考〉；《說文月刊》5：1、2 期（1944 年 11 月）
    又見《民主與科學》1：2 期（1945 年 2 月）。

82. 張春樹：《漢代邊疆史論集》（台北：食貨，民 66 年）。

83. 張星烺：《中西交通史料彙編》（原稿成於民 15 年）（台北：世界重印，
    民 51 年）。

84. （那威國）斯敦柯諾甫原著；星烺述意兼評：〈大月氏民族最近之研究〉；
    《禹貢半月刊》5：8、9 期（民 25 年 7 月）。

86. 張紫桐：〈烏孫即哈薩克考〉；《中國邊政》7 期（1964 年 12 月）。

87. 張蔭麟：〈大月氏與東西文化〉；《清華學報》3：2（1926 年 12 月）。

88. 張錫彤：《中國大百科全書》〈民族·塞種〉（上海：中國大百科全書出版
    社，1986 年 8 月）。

89. 曹懷玉：〈商周秦漢時期甘肅境內的氏羌月氏和烏孫〉；《甘肅師範大學學
    報》1964 年 3 月 4 期。

90. 莫任南：〈班超對中西交通之貢獻〉；《湖南師院學報》2 期（1980 年 6 月）。

91. 莫任南：〈關於月氏西遷年代問題〉；《湖南師範大學學報》1985 年 2 月。

92. 郭厚安，陳守忠主編：《甘肅古代史》（蘭州：蘭州大學出版社，1989 年）。

93. 陳世良：〈烏孫住地辨證〉；《新疆歷史研究》1987 年 1 月。

94. 陳可畏：〈烏孫、大月氏原居地及其遷徙考〉；《西北史地》1989 年 4 月。

95. 陳正祥：《西北區域地理》（重慶：商務，民 34 年 2 月）。

96. 陳安仁：〈漢代對西域交通與中西文化之影響〉；《東方雜誌》42：1（1946
    年 1 月）。

97. （清）陳克繩：《西域遺聞》（民 75 年禹貢學會鉛印本）（據清光緒本影
    印）。

98. 陳良：《絲路史話》（蘭州：甘肅人民出版社，1983）。

99. 陳良佐：〈從人口推測大月氏、烏孫故地〉；《大陸雜誌》37：3（1968 年
    8 月），又見《大陸雜誌史學叢書》第 3 輯第 2 冊。

100. 陳垣：《兩漢和西域等地的經濟文化的交流》（上海：上海人民出版社，
    1957 年 6 月。

101. （明）陳誠，李暹：〈西部行程記〉；《獨寱園稿》（明永樂 12 年）（台北：
    商務，民 70 年）（據國立北平圖書館本叢書第一集影印）。

102. （明）陳誠、李暹：〈西域番國志〉；《獨寱園稿》（明永樂 12 年）（台北：
    商務，民 70 年）（據國立北平圖書館善本叢書第一集影印）。

103. 陳慶隆：〈論大夏與吐火羅〉。

104. 章巽：〈秦漢三國時代的海上交通〉；《地理知識》12 期（1955 年 12 月）。

105. 麥高文著；章巽譯：《中亞古國史》（北京：中華，1958）。

106. 勞榦：〈論漢代之陸運與水運〉；《中央研究院歷史語言研究所集刊》第 16 本（民 37 年 1 月）。

107. 曾問吾：〈前漢之經營西域〉；《中央大學半月刊》1：8（1930 年 2 月）。

108. 曾問吾：《中國經營西域史》（上海：商務，民 24 年）。

109. 程光裕：《西南亞史》（香港：友聯，1964 年 7 月）。

110. 賀昌群：《古代西域交通與法顯印度巡禮》（武漢：胡北人民出版社，1956 年）。

111. 越亭南：〈漢代西域經濟考〉；《天山》6：6（1953 年）。

112. 費耐生著；越紅譯：〈伊朗文化的分期〉；《西北史地》1990：4。

113. 馮一下：〈大月氏歷史述略〉；《史學月刊》6 期（1985 年）。

114. 沙畹著；馮承鈞譯：〈大月氏都城考〉，原載《通報》（1907 年）又見《史地叢考》（台北：商務，民 51 年）。

115. 伯希和著；馮承鈞譯：《交廣印度兩道考》（台北：商務，民 59 年）（台一版）。

116. 伯希和著；馮承鈞譯：〈犁靬爲亞歷山大城說〉，原載《通報》（1915 年）又見《史地叢考》（台北：商務，民 59 年）（台一版）。

118. 色伽蘭著；馮承鈞譯：《中國西部考古記》（台北：商務，民 59 年）（台一版）。

119. 列維著；馮承鈞譯：〈龜茲語考〉，原載《亞洲報》1913 年 90 月刊又見《史地叢考》（台北：商務，民 51 年）（台一版）。

120. 馮承鈞編譯：《西域南海史地考證譯叢》甲、乙、丙、丁集（台北：商務，民 61 年）（台一版）。

121. 馮家昇：〈大月氏民族及其研究之結論〉；《禹貢半月刊》5：8.9 期（民 25 年 7 月）。

122. 黃文弼：〈漢西域諸國之分布〉；《邊政公論》3：8（民 33 年；1944 年）。

123. 黃文弼：〈大月氏故地及西徙〉；《西北史地論叢》（上海：上海人民出版社，1981 年 5 月）。

124. 黃文弼：〈中國古代大夏位置考〉；《西北史地論叢》（上海：上海人民出版社，1981 年 5 月。）

125. （英）波伊勤著；黃時鑒譯：〈亞歷山大傳說在中亞〉；《西北史地》1985 年 3 月。

126. 黃靖：〈大月氏的西遷及影響〉；《新疆社會科學》1985 年 2 月。

127. 黃靖：〈貴霜帝國的年代體系〉；《中亞學刊》第 2 輯（1987 年 8 月）。

128. 〈大月氏王寄多羅與罽賓王馨孽〉；《新疆日報》（1947 年 8 月）。

129. 楊建新:〈關於漢代烏孫的幾個問題〉;《新疆大學學報》1982 年 2 月。

130. 楊建新:〈斯坦因和我國西北史地研究〉;《西北史地》1983 年 1 月。

131. 楊建新:〈月氏——中國大百科全書辭條文(討論稿)〉;《西北史地》1983 年 2 月。

132. 楊建新:《吐火羅論》;《西北史地》1986 年 2 月。

133. 楊建新:《中國大百科全書》〈民族——月氏〉(上海:中國大百科全書出版社,1986 年 8 月)。

134. 楊建新:《中國西北少數民族史》(寧夏:寧夏人民出版社,1988 年)。

136. 楊家駱主編:《歷代邊傳記會編》(台北:樂天,民 64 年)。

137. 楊梅:〈古代的中印通道〉;《羊城晚報》(1960 年 5 月 3 日)。

138. 楊曾文:〈佛教從印度向西域的傳播〉;《中國佛學論文學》(陝西:陝西人民出版社,1984 年)。

139. A.K 納拉因著;楊瑞林譯:〈月氏五翕侯〉;《中外關係史論叢》1 輯(1984 年 6 月)。

140. 藤田豐八著;楊鐸譯:《西北古地研究》(台北:商務,民 60 年)(台一版)。

141. 藤田豐八著;楊鍊譯:〈大宛貴山城與月氏王庭〉;《西域研究》(台北:商務,民 60 年)(台一版)。

142. 藤田豐八著;楊鍊譯:〈月氏西移之年代〉;《西域研究》(台北:商務,民 60 年)(台一版)。

143. 藤田豐八著;楊鍊譯:〈月氏、烏孫之故地〉;《西域研究》(台北:商務,民 60 年)(台一版)。

144. 桑原騭藏著;楊鍊譯:《張騫西征考》(台北:商務,民 58 年)(台一版)。

145. 翟婉華:〈西漢時期匈奴、烏孫的收繼婚〉;《西北史地》1989 年 4 月。

146. 甘肅省博物館文物工作隊,蒲朝綬執筆:〈甘肅永登榆樹溝的沙井文化〉;《考古與文物》1981:4。

147. 蒲朝綬:〈試論沙井文化〉;《西北史地》1989 年 4 月。

148. 趙振績:〈月氏族系與亞洲氏地之關係〉;《邊政研究所年報》(台北:國立政治大學,民 74 年 10 月)。

149. 趙惠人錄:〈史漢西域記傳互勘〉;《禹貢半月刊》5:8.9 期(民 25 年 7 月)。

150. 劉云:〈漢代開發西域的始末〉;《國魂》70 期(1953 年 8 月)。

151. 劉光華:〈也談漢代的烏孫〉;《新疆大學學報》1980:2。

152. 劉伯驥:《中西文化交通小史》(台北:正中,民 63 年)(三版)。

153. 劉掞藜：〈月氏與東西文化之關係〉；《文藝雜誌》1：1、2 期（1925～1926年）。

154. 潘策：〈秦漢時期的月氏、烏孫和匈奴及河西四郡的設置〉；《甘肅師大學報》1981 年 3 月。

155. 鄭桂林：〈論大月氏文化的發生及其對亞歐文化的影響〉；《中華文化復興月刊》15：5（民 71 年）。

156. 藤田豐八著；鄭師許擇：〈前漢時代西南海上交通之記錄〉；《新亞》7：5（1934 年 5 月）。

157. 鄭鶴聲：〈大月氏與東西文化〉；《東方雜誌》23：10（1926 年 5 月）。

158. 穆舜英：〈新疆考古三十年〉；《新疆社會科學》1985 年 3 月。

159. 錢伯泉：〈西域的羌族〉；《西北史地》1984 年 1 月。

160. 薛文波：〈西北民族史料散介〉；《西北史地》，1980 年 1 月；1981 年 1 月2 期。

161. 謝黎明：〈月氏研究〉；《屏女學報》第 1 期（屏東：臺灣省立屏東女子高級中學：民 64 年）。

162. 韓亦奇：〈中國典籍中之大夏與大夏族之西遷〉；《南京大學學報》1987年 1 月。

163. 韓振華：〈關於中印文化交流〉；《新建設》5：3（1952 年）。

164. 韓康信：〈新疆古代居民種族人類學的初步研究〉；《新疆社會科學》1985年 6 月。

165. 蘇北海：〈從漢書看烏孫族在統一西域事業中的功績〉；《新疆日報》（1982年 1 月 30 日）。

166. 蘇北海：〈漢代烏孫居地考〉；《新疆師範大學學報》1985 年 1 月。

167. 饒宗頤：〈蜀布與 Cinapatta——論早期中印緬之交通〉；《中央研究院歷史語言研究所集刊》第 45 本第 4 分（1974 年）。

168. 襲駿：〈月氏與烏孫的西遷過程考〉；《新中華》2：9 期（1944 年 9 月）又見《西北民族宗教史料文稿》（1985 年 4 月）。

## 西文參考資料

1. Asthana, Shashi, *History and Archaeology of India's Contacts with orher Countries; From Earlist Times to 300 B. C*, Shashi Prabha Asthana, 1947.

2. von Baron A., von Stael-Holstein, *Kopano and Yueh-shih*, Berlin : G. Reimer, 1914.

3. Bartyhold, w., *Turkestan; Down to the Mongol Invasion*, English：H. A. R. Gilb,1928.(2nd ed.)

4. Barthold, W, : trans, by Soucek, Svat, *An History Geography of Iran*, Princeton, N. J, : Princeton University, 1984.

5. Trans. By Baskakov, Vitaly, *A History of Afghanistan*, Moscow : Progress, 1985.

6. Bellew, H. W., *The Races of Afghanistan : Being a Brief Account of the Nations Inhabiting that Country*, Lahore, Pakistan : Sang-e-Meel,1979.

7. Canby, Courtlandt. *The Encyclopedia of Historic Places,* London : Mansell,1984.

8. Caroe, Olaf, *The Pathana,550 B. C. ~A. D. 1957*, Karachi : Oxford University, 1983 : c1958.

9. Chattopadya, Bhaskar, *The Age of the Kushana*; A Numismatic Study, Calutta : Punthi Pustak, 1967.

10. Sri Colongel, Henry, *Cathay and the Way Thither*, 1886; Taipei : Cheng-Wen, printing 1966.

11. Czuma, Stanislaw J., Kushan Sculpture; *Images from Early India*, Cleveland, Ohio : Indiana University, 1985.

12. Davary, G. Djelani, Baktrisch; *Ein worterbuch auf grund der inschiften, hand-schriften, munzen und sieglsteine*, Heidelberg : Julius Groos Verlag, 1982.

13. Desio, Ardito, *Geology of Central Badkushan（Northeast Afghanistan） and Surrounding Countries*, Leiden : E. J. Brill, 1975.

14. Director General of Archaeology in India, *Ancient India; Bulletin of the Archaeological Survey of India*, New Delhi : Director General of Archaeology in India, 1946~1953.

15. Eberhard, Wolfram, *Settlement and Social Change in Asia China,* Hong Kong : Hong Kong University,1967.

16. Embree Ainslie T. ed., *Encyclopedia of Asian Histort ; Prepared under the Auspices of Asia Society*, New York : Charles Scribners Sons, c1988.

17. Fairservis, Walter Ashlin, *The Roots of Ancient India*, Chicago : The Univesity of Chicago,1971.

18. Gordon, D. H *The Pre-Historic Background Indian Culture*, Bombay : N. M. Tripathi LTD, 1958.

19. Gupta, Nilima Sen, *Cultural History of Kapisa and Gendhara*, Delhi : Sundeep,1984.

20. Hargreaves, H., *Gandharan Scupture*, Delhi : Mayur,1986.

21. Jaffar, S. M., *An Introduction to Peshawar*, Peshawar, Pakistan : S. M. Khan,1952.

22. Jerome, Jacobson, *Studies in the Archaeology of India and Pakistan*, New Delhi：American Institute of India Studies,1987.

23. Kumar, Baldev, *The Early Kisanas; A History of the Rise and Progress of the Kusana Power under the Early Kusana Rulers, from Kadphises to Vasudeva*, Delhi：Sterling Pub., 1973.

24. Kurian,George Thomas, *Historical and Cultural Dictionary of India*, Metuchen, N. J.：The Scarecrow, 1976.

25. Lal, b. B., *Indian Archaeology since Independence,* Delhi：Motilal Banarsidass

26. Langer, Willian L., *An Encyclopedia of World History,* Bostonn：Houghton Mifflin Company, 1972(2nd ed.)

27. Mani, Buddha Rashmi, *The Kushan Civilization; Studied in Urban Development and Material Cultural*, Delhi：Buddha Rashmi Mani, 1987.

28. Marshall, John, *The Buddhist Art of Gandhara; The Story of the Early School, Its Birth, Growth and Declina,* New Delhi：Oriental Book reprint, 1980,c1960.

29. Paul Masson, *Ancient India and Indian Civilization*, New York：Oursel,1967.

30. Mehru, Lolita, *Origins of the Gandharan Style; A Study of Contributory Influence*, Delhi：Oxford University, 1989.

31. Miller, Daniel, *Artefacts as Categories; A Study of Ceramic Variability in Central India*, Cambridge：Cambridge University, 1985.

32. Mitchiner, Michael, *Indo-Greek and Indo-Scythian Coinage*, Sandersteed：Hawkins, 1975～1976.

33. Mukherjee, B. N., *The Kushana Genealogy; Studies in Kushana Genealogy and Chronology. – Calcutta Sanskrit College Research ser.*, No. LIX. –Calcutta：Calcutta Sanskrit College, 1967.

34. Nager, Sarla D., *Gandhara Sculpture; A Catalogue of the Collection in the Museum of Art and Archaeology*, Columia：University of Missouri-Columbia,1981.

35. Ojha,Kailash Chandra, *The History of Foreign Rule in Anctient India* , Allahabad：Gyan Prakshan, Large Post Octavo, 1968.

36. Univeresity of Peshawar, *Ancient Pakistan*, Peshawar, Pakistan：Univeresity of Peshawar, 1964.

37. Prasad, Kameshwar, *Cities. Crafts and Commerce under the Kushanas*, Delhi：Agam, 1984.

38. Puggott, Stuart, *Prehistoric India, To 1000 B. C.* Greate Britain：William Clowes and Sons.1950.

39. Puri, B. N., *India under the Kushanas.* Bombay：Bharatiya Vidya Bhavan, 1965.

40. Puri, B. N., *Cites of Ancitnt India,* Meerut：Meenakshi Prakasham,1956.

41. Rawlinson, H. G., *India; A Short Cultural History,* New York：Frederick A.Prager,1954.

42. Rawlinson, H. G., Bactria; *The History of a Forgotten Empire*, New York：Ams,1969.

43. Sarianidi, V. I., *The Golden Horard of Bactria*, New York：Harry N. Abrams, 1985.

44. Shafer, Robert, *Ethnography of Ancient India,* Germany：Habery & Co., 1954.

45. Sircar, D. C., *Some Problems of Kushana and Rajupt History*, Calcutta, 1969.

46. Stein, Aurel, *On Ancient Contral-Ashian Traccks; Brief Narrative of Theree Expedition in Innermost Asia and North-west China*, London：Macmillan and Co., LTD, 1933.

47. Thapar, B. K., *Recent Arhaeological Discoveries in India,* Bunkyo-ku, Tokyo：Unesco, 1985.

48. USSR Academy of Science, *Afghanistan;Past and Present,* Moscow：USSR Academy of Science,1981.

## 日文參考資料

1. 安馬彌一郎：〈月氏の西方移動に就て〉；《史學雜誌》43：5（昭和 7 年 5 月 1 日：1932 年）

2. 伊瀨仙太郎：《中國經營西域史研究》（東京：嚴南堂書店，1968 年 8 月）。

3. 石濱純太郎：〈ファイスト氏（トカラ人問題の現狀）〉；《支那學》2：5 （大正 10 年：1921 年）

4. 石田幹之助：〈フリ丨ドリヒ・ヒルト博士第七十五回誕辰祝賀紀念論文集二種〉；《東洋學報》11：4（大正 10 年：1972 年）

5. 羽溪了諦：〈仏教東漸史に於ける丘就卻の地位〉；《日本仏教年報》7（昭和 9 年：1934 年）

6. 羽田亨：〈龜茲、于闐の研究〉；《史料》2：3（大正 6 年 7 月 1 日：1917）。

7. 羽田亨：〈大月氏及び貴霜に就いて〉；《史學雜誌》41：9（昭和 5 年 9 月 1 日：1930 年）

8. 羽田亨：《西域文化史》（座右寶刊行會版）（昭和 6 年；1931 年）

9. 羽田亨：《西域文明史概論》（座右寶刊行會版）（昭和 22 年；1947 年）

10. 護雅夫：〈漢代における文化交流の一例〉；《東洋學術研究》8：3（1969 年）

11. 小玉新次郎：〈古代における交易と文化交流〉；《東洋學術研究》8：2 （1969 年 7 月）。

12. 榎一雄：〈月氏の副王謝——クシャン王朝年代論に關する一臆説〉；《オリエント》10：3.4（1968 年 11 月）

13. 白鳥庫吉：〈鳥孫に就いての考〉；原載《史學雜誌》11：11，12：1.2（明治 33 年 11 月～明治 34 年 2 月；1900 年～1901 年）又見《西域史研究》（東京：岩波書店，昭和 16 年；1941 年）

14. 白鳥庫吉：〈月氏國の興亡〉；原載《無盡燈》9：7（明治 37 年 7 月）又見《西域史研究》（東京：岩波書店，昭和 16 年；1941 年）

15. 白鳥庫吉：〈佛教東漸の傳説〉；原載《東亞之光》1：4（明治 39 年 8 月；1906 年）又見《西域史研究》（東京：岩波書店，昭和 16 年；1941 年）

16. 白鳥庫吉：〈西域史上の新研究〉第二（大月氏考）原載《東洋學報》1：3，2：1，3：1.2（明治 44 年 10 月正大正 2 年 7 月；1911 年 1913 年）又見《西域史研究》（東京：岩波書店，昭和 16 年；1941 年）

17. 白鳥庫吉：《塞民族考》；《東洋學報》7：3，8：3，9：3（大正 6 年 9 月～大正 8 年 9 月；1917 年～1919 年）又見《西域史研究》（東波：岩波書店，昭和 16 年；1941 年）

18. 白鳥庫吉：〈大夏國に就キて〉（原稿成於昭和五年；1930 年）又見《西域史研究》（東京：岩波書店，昭和 16 年；1941 年）

19. 白鳥庫吉：〈中亞史上の人種問題〉原載《史學雜誌》49：1（昭和 12 年 10 月；1937 年）又見《西域史研究》（東京：岩波書店，昭和 16 年；1941 年）

20. 鈴木啓造：〈月氏とカニシュカ王〉；《東京文化交流史》（1975 年）。

21. 田邊勝美：〈仏陀像を刻印したカニシュカ一世の貨幣について〉；《東洋文化》55（1975 年 3 月 31 日）

22. 内田吟風：〈古代アヅタ海上交通考〉；《江上波夫教授古稀紀念論文集》（民族——文化篇）（1977 年）

23. 長澤和俊：〈古代西域南道小考〉；《研究紀要》（鹿兒島短期大學，1968）

24. 長澤和俊：〈張騫の西使と東西交通〉；《東洋學術研究》10：2（1972 年）

25. 藤田劍峰：〈漢代仏教の東漸〉；《精美》42.44.45（昭和 26～28 年；1951～1953 年）

26. 福原亮嚴：〈中國印度間の仏教徒の交通路〉；《印度研究》3：1（昭和 29 年；1954 年）

27. 山本智教：〈中國印度間の古代陸路について〉；《密教文化》33（昭和 22 年；1947 年）

28. 山本守：〈張騫の匈奴脱出行〉；《久重三郎先生、板本一郎先生還曆紀念中國研究》

# 附　圖

附圖一：馬土臘國王石像

附圖二：貴霜帝國時代的印度

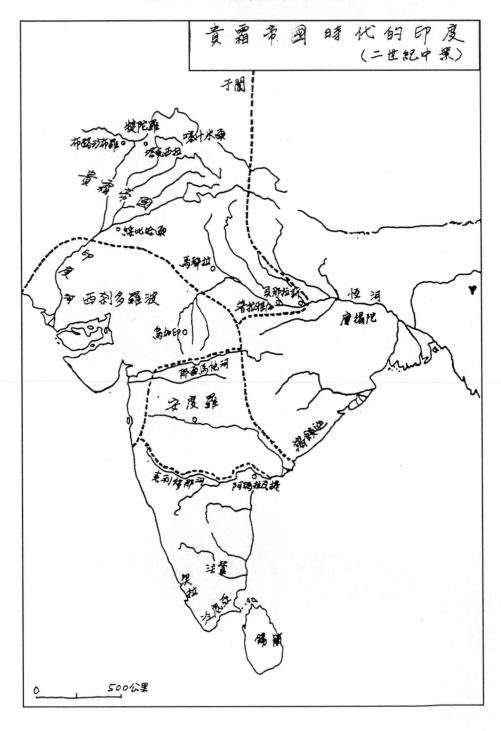

## 附圖三：河西沙井文化分佈區域

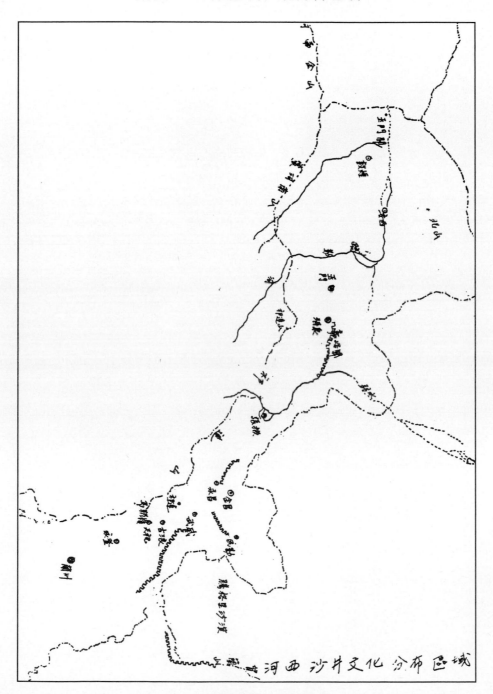

參考：中國地圖出版社（1986）

附圖四：大夏銀幣

BACTRIAN COINS
PLATE I

EUTHYDEMUS I

EUTHYDEMUS I

EUTHYDEMUS I

DEMETRIUS

From：H. G. Rawlinson（1969）

## 附圖五：大夏銀幣

BACTRIAN COINS
PLATE II

EUTHYDEMUS II

ANTIMACHUS

EUCRATIDES

ANTIMACHUS

HELIOCLES

HELIOCLES

HELIOCLES

From：H. G. Rawlinson（1969）

## 附圖六：大夏銀幣

BACTRIAN COINS
PLATE III

MENANDER

MENANDER

MENANDER

MENANDER

MENANDER

MENANDER

PHILOXEMUS

PHILOXEMUS

AZES

From：H. G. Rawlinson（1969）

## 附圖七：貴霜帝國錢幣後的佛陀像

資料來源：田邊勝美（1975）

## 附圖八：貴霜帝國錢幣後的佛陀像

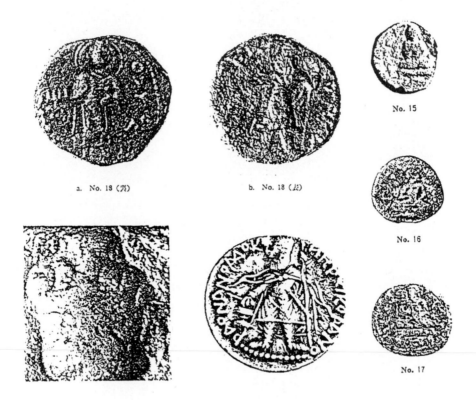

a. No. 18 (表)        b. No. 18 (反)

No. 15

No. 16

No. 17

資料來源：田邊勝美（1975）

附圖九：貴霜帝國士兵石刻

資料來源：田邊勝美（1975）

## 附圖十：印度河谷文明

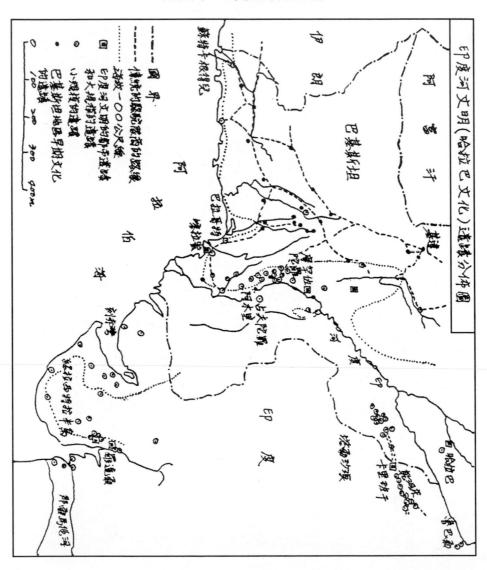

## 附圖十一：粟特、大夏、印度地方地形圖

參考：李志夫譯（民 70 年）

## 附圖十二：現代印度地圖

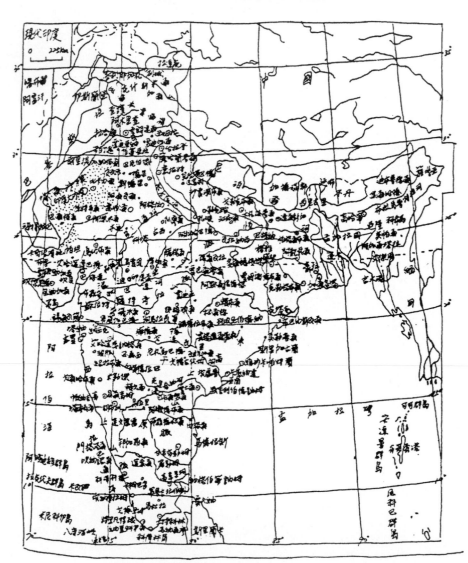

參考：中國地圖出版社

## 附圖十三：現代巴基斯坦地圖

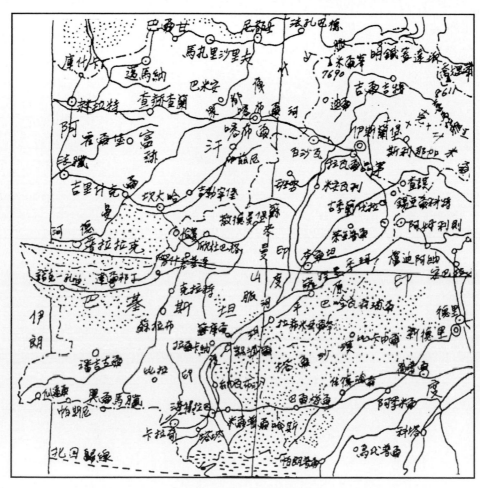

參考：中國地圖出版社

附圖十四：孔雀王朝時代的世界（西元前四～三世紀的亞洲）

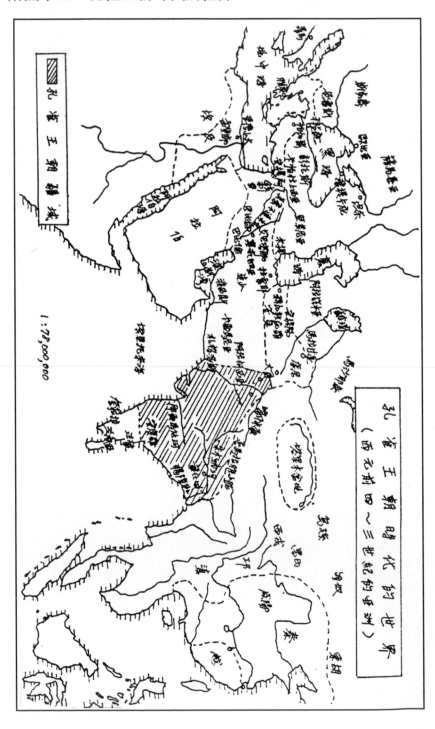

## 附圖十五：中西交通路線圖

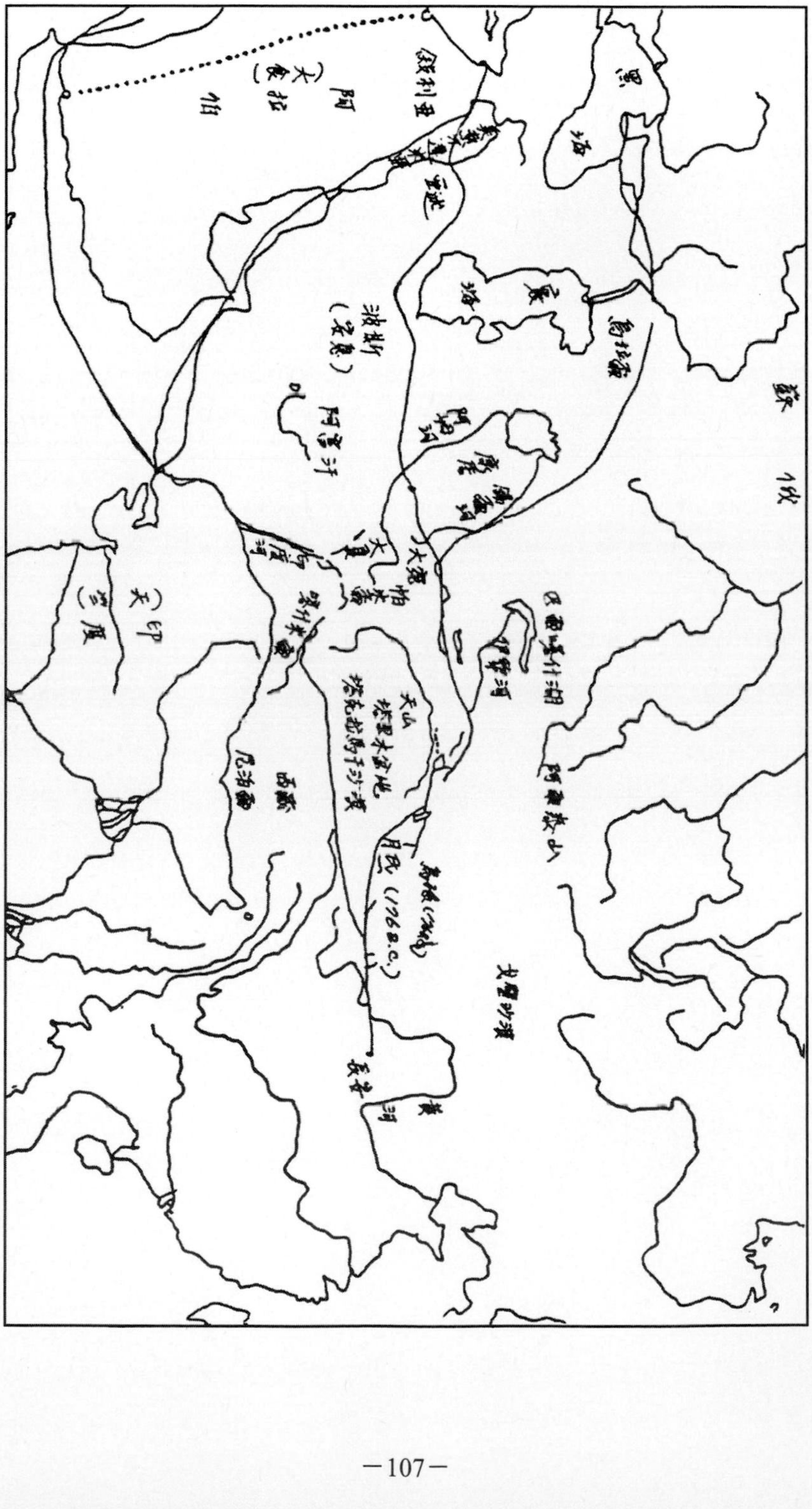

附圖十六：犍陀羅佛像

# 附錄一：文成公主和親性質與唐蕃關係的再探討 —— 兼論唐太宗與吐蕃和親政策的政治背景

## 摘　要

　　本文旨在分析文成公主和親的政治背景，以及聯姻對唐與吐蕃政治、軍事、經濟、文化各方面的影響。基於藏文史料與漢文史料對文成公主至吐蕃和親的記載差異極大，因此有必要重新整合漢藏史料，釐清唐蕃聯姻的歷史實貌。關於文成公主和親的性質，藏族史家認爲是吐蕃王朝征服周邊部落或鄰國的步驟之一，目的在求得被征服者納貢獻財，並進一步對被征服者產生政治干涉、軍事威脅和經濟控制等影響力。漢文史料則顯示唐太宗時期的和親政策不同於漢代出於「以弱事強」，而是西域國家主動向唐求婚，希望憑恃與大唐帝國聯姻所造成的政治聯盟威勢，儸服其他西域小國；另一方面，唐也基於胡俗「多由內政」，常以宗室公主透過聯姻方式影響西域部落酋長的政策，以取得唐與聯姻國家外交上的和平。因此唐帝國的聯姻對象多爲西域強國，對於國勢不穩的小國或想以聯姻求取政治、軍事外援的國家，唐太宗常予以拒婚或絕婚。文成公主所帶來唐與吐蕃聯姻的性質即出於政治聯盟；但歷史發展顯示，和親所帶來的政治和平只能維持在同一任贊普主政時期，即使和親公主在世，後世贊普也未必遵循前任贊普因聯姻所訂定的盟約，所以和親對政治、軍事方面的影響是短暫的。然而，和親所帶來經濟與文化方面的影響卻是深遠的。現存藏文史籍歌頌文成公主精通曆法、建築，並將漢地佛教、經書、醫術、服飾、習俗帶往吐蕃，都顯示出和親所帶動兩國在文化交流上的力量。因此，本文藉由分析文成公主和親之時唐與吐蕃兩國的政治背景，進而說明兩國的政治目的，最後歸結出和親在政治上的作用是有其限

制的，但在文化上的影響則是廣大且無窮盡的。

## 壹、松贊幹布求婚始末

　　松贊幹布執政時期是吐蕃文化的形成時期。松贊幹布在漢文史書中常被稱為棄宗弄贊，今人亦有譯為墀松贊，皆同指一人。松贊幹布生於隋煬帝大業十三年（西元 617 年），於唐太宗貞觀三年（西元 629 年）即位；〔註1〕貞觀八年（西元 634 年）開始交通中國，唐太宗則派馮德遐充當信使前往吐蕃答禮。貞觀十年（西元 636 年），唐太宗陸續將皇妹南陽公主嫁予突厥，〔註2〕並答應吐谷渾諾曷鉢可汗向唐請婚，〔註3〕吐蕃贊普松贊幹布也接著向唐請

〔註1〕　索南堅贊著：劉立千譯注：《西藏王統記——吐蕃王朝世系明鑑》（西藏：西藏人民出版社，1985 年 7 月），頁 178～181。
　　　　王沂暖：〈松贊幹布的生年卒年與享年〉；《西北民族學院學報》1980：1，頁 25～28。
　　　　安應民：《吐蕃史》（寧夏：寧夏人民出版社，1989 年 3 月），頁 63～64。
　　　　王吉林：〈吐蕃信史時代的開始——松贊幹布時代的吐蕃及其與唐的關係〉；《西藏研究論文集》第一輯（木柵：政大邊政研究所，1988 年 12 月），頁 3～4。
　　　　關於松贊幹布的生卒年，漢文史籍《舊唐書・吐蕃傳》、《資治通鑑》、《唐會要》等，都記載其卒於唐高宗永徽元年（西元 650 年），但對於松贊幹布的生年與享年，漢文史書則未加以記載。至於藏文資料中巴堅贊的《王統史》、八思巴的《彰所知論》、《布敦善逝教法史》、《紅史》、《賢者喜宴》、《白史》皆稱松贊幹布生於陰火牛年（丁丑年），亦即西元 617 年，也就是隋煬帝大業十三年。若與漢文史籍記載相配合，則松贊幹布生於西元 617 年，卒於西元 650 年，享年僅三十四歲，《敦煌本吐蕃歷史文書》又稱吐蕃匿喪一年，所以事實上松贊幹布享年僅三十三歲：即十三歲即位，在位共二十年。但其他關於松贊幹布生卒年的說法頗多，藏文史料中記載松贊幹布享年八十二歲，王沂暖則主張享五十八歲，加上享年為三十四歲（含匿喪一年），使得松贊幹布的生年有三種不同的說法，亦即為生於陳宣帝太建元年（西元 569 年），生於隋文帝開皇十三年（西元 593 年），以及生於隋煬帝大業十三年（西元 617 年）。三種不同說法與松贊幹布生平相關事跡的記載（如征服蘇毗的年代、十六歲娶尼婆羅赤尊公主）與其孫芒松芒贊十三歲繼位，常發生時間先後衝突或史料互相矛盾的情形。故以松贊幹布生於隋煬帝大業十三年的說法較能自圓其說（詳見上引參考期刊書目文獻資料），因此本文採用松贊幹布生於隋煬帝大業十三年的說法。
〔註2〕　《資治通鑑》（世界書局），頁 6118。胡三省注：「新、舊書皆作『衡陽長公主』。」
〔註3〕　《舊唐書・吐谷渾傳》（鼎文書局），頁 5298～5300。貞觀九年，李靖破吐谷渾，吐谷渾「國人乃立順為可汗，稱臣內附」。但因「順既久質於隋，國人不附，未幾為臣下所殺。其子燕王諾曷鉢立……諾曷鉢因入朝請婚。」
　　　　《舊唐書・太宗本紀》，頁 46。

婚，但唐太宗最初並沒有答應。

漢文正史稱吐蕃使者求婚不遂，回到吐蕃後便將求婚失敗的原因歸罪於吐谷渾使者從中做梗。唐太宗貞觀十二年（西元 638 年），吐蕃贊普松贊幹布與羊同（青康藏高原上的小國）聯合出兵攻打吐谷渾。這次戰役之後，吐谷渾被擊退到青海地區，吐谷渾故地上的人民畜產都為吐蕃所吞併。松贊幹布在擊敗吐谷渾之後，又出兵攻破青康藏高原的党項、白蘭等羌人部落王國，最後率領二十餘萬人侵犯唐界，在松州（四川松潘）西境屯兵，並派遣使者攜帶黃金與布匹，號稱迎接公主，並且揚言：「若大國不嫁公主與我，即當入寇」，於是進攻松州。關於松贊幹布遣使求婚不遂而遷怒吐谷渾並進兵犯唐的事件始末，《舊唐書‧吐蕃傳》記載如下：〔註4〕

> 貞觀八年，其贊普棄宗弄讚始遣使朝貢。弄讚弱冠嗣位，性驍武，多英略，其鄰國羊同及諸羌並賓伏之。太宗遣行人馮德遐往撫慰之。見德遐，大悅。聞突厥及吐谷渾皆尚公主，乃遣使隨德遐入朝，多賫金寶，奉表求婚，太宗未之許。使者既返，言於弄讚曰：「初至大國，待我甚厚，許嫁公主。會吐谷渾王入朝，有相離間，由是禮薄，遂不許嫁。」弄讚遂與羊同連，發兵以擊吐谷渾。吐谷渾不能支，遁於青海之上，以避其鋒，其國人畜並為吐蕃所掠。於是進兵攻破党項及白蘭諸羌，率其眾二十餘萬，頓於松州西境。遣使貢金帛，云來迎公主，又謂其屬曰：「若大國不嫁公主於我，即當入寇。」遂進攻松州。

松贊幹布與唐的戰爭，最初因唐輕敵而使吐蕃獲勝，後來唐夜襲吐蕃軍營，吐蕃死傷慘重。松贊幹布於是退兵，並「遣使謝罪，因復請婚」，唐太宗於此時方才答應松贊幹布的求婚。《舊唐書‧吐蕃傳》記載這次戰爭始末如下：〔註5〕

> 都督韓威輕騎覘賊，反為所敗，邊人大擾。太宗遣吏部尚書侯君集為當彌道行營大總管，右領軍大將軍執失思力為白蘭道行軍總管，左武衛將軍牛進達為闊水道行軍總管，右領將軍劉蘭為洮河道行軍總管，率步騎五萬以擊之。進達先鋒自松州夜襲其營，斬千餘級。弄讚大懼，引兵而退，遣使謝罪，因復請婚，太宗許之。弄讚乃遣

貞觀十年「十二月壬申，吐谷渾河源郡王慕容諾曷缽來朝。」
按：綜合以上兩段史料來看，吐谷渾諾曷缽可汗請婚的時代當在唐太宗貞觀十年。
〔註4〕《舊唐書‧吐蕃傳》（鼎文書局），頁 5221。
〔註5〕《舊唐書‧吐蕃傳》（鼎文書局），頁 5221。

其相祿東贊致禮，獻金五千兩，自餘寶玩數百事。

以上漢文正史史料顯示，唐與吐蕃聯姻出於吐蕃贊普松贊幹布向唐請婚。唐太宗最初並未允婚，原因出於吐蕃領地與唐疆土之間隔著吐谷渾，而唐當時對吐谷渾的重視超過吐蕃，因此與吐谷渾聯姻而不與吐蕃聯姻。後來因為吐蕃贊普松贊幹布佔領吐谷渾，唐與吐蕃直接接壤，而吐蕃又於此時內犯並求婚，唐太宗方才允婚。當然，吐蕃贊普松贊幹布是基於政治、軍事以及經濟上的考量，而在向外擴張政策中決定向吐谷渾進兵；並不像中國正史所稱，因求婚不遂，遷怒吐谷渾而引發戰爭。但是，唐太宗允婚之前，侯君集曾戰勝吐蕃，並且吐蕃屢次求婚都獻有黃金、寶物與布帛，因此唐文成公主下嫁吐蕃的和親性質，實應放在當時唐與吐蕃兩國內政背景與對外政策中來考量。

## 貳、松贊幹布與唐太宗時代吐蕃與唐對外和親性質

關於吐蕃贊普松贊幹布與唐宗室女文成公主聯姻的始末，漢文史料與藏文史料之間出現很大的差異。直到今天，一些藏族史家以藏文文獻為依據，認為唐蕃聯姻是吐蕃王朝征服周邊部落的步驟之一，目的在求得被征服者納貢獻財，進一步使吐蕃王朝對被征服者產生政治干涉、軍事威脅和經濟控制的影響力。藏籍學者所根據的資料主要是藏文史籍《西藏王統記》，其中記載吐蕃大臣噶東贊（祿東贊）為贊普松贊幹布至泥婆羅（尼泊爾）迎娶尺尊公主（赤尊公主）以及後來至唐迎娶文成公主時，曾拿出松贊幹布預先寫好的國書獻給泥婆羅國王以及唐太宗，而國書的內容之中有以下文字記載：〔註6〕

若如此行，不得公主，我將遣變化軍旅五萬，殺爾王，擄公主，劫掠一切城市而后已。

並且，吐蕃贊普松贊幹布與泥婆羅尺尊公主聯姻之後，吐蕃隨即佔領泥婆羅，殺死泥婆羅國王，又在泥婆羅新立一個與吐蕃親善的政權。因此藏籍學者羅桑開珠認為吐蕃贊普松贊幹布之所以娶泥婆羅尺尊公主，正與娶象雄妃、乳容妃、木椎妃、堆龍孟妃以及漢妃文成公主一樣，「都達到了不同程度的兼併擴張、掠奪財物的目的」。〔註7〕此外，《敦煌本吐蕃歷史文書》也記載松贊幹布將其妹嫁至象雄為妃，並在聯姻之後成功的消滅象雄的過程：〔註8〕

〔註6〕索南堅贊著：劉立千譯注：《西藏王統記》，頁55、61。
〔註7〕羅桑開珠：〈爭議唐蕃聯姻〉；《中央民族學院學報》，1990：3，頁52～55。
〔註8〕王堯，陳踐譯注：《敦煌本吐蕃歷史文書》（北京：民族出版社，1992年2月），

此王（松贊幹布）之時，與象雄王子聯姻結好，一方面又公開交兵征戰，贊蒙賽瑪噶（松贊幹布之妹）往象雄作李迷夏之王妃。此象雄王原與墟格妃暗中相好，與贊蒙不和，李迷夏王子甚鍾愛墟格妃。因此之故贊蒙憤恚，既不理內務，又不養育子女，另居於別室。此事傳至長兄（松贊幹布）耳中，謂贊蒙若如此別居一室有礙政事，妹子對王子不應如此，乃命卜金贊芒穹爲使節，往象雄勸說其妹令其整治李迷夏之內務並養育子女……（贊蒙賽瑪噶）乃將一帽作進贊之禮，蓋上印章，獻予贊普……贊普（松贊幹布）當即拆封啓視，見有大粒古舊松耳石三十顆，別無他物。贊普心中思忖：其意謂，若敢于攻打李迷夏則佩帶此松耳石，若不敢進擊則懦怯與婦人相似，著女帽可也。乃下令，君臣火急發兵，滅李迷夏。

關於吐蕃對外聯姻是軍事征服及政治干涉前奏的說法，普遍存在於藏文史籍與大多數西藏人的觀念之中。然而大唐帝國不同於青康藏地區的部落小王國，松贊幹布與唐聯姻即使眞出於軍事及政治干涉的前驟，實際上大唐帝國的國力卻不是吐蕃所能影響或控制得住的。

漢文史籍則顯示，唐太宗時代的和親，不同於漢代出於政治上的「以弱事強」或爲求軍事上的息事寧人而聯姻。唐太宗時代的對外和親，往往出於西域國家主動向唐求婚，西域國家希望憑恃與大唐帝國因聯姻而造成的政治聯盟威勢，懾服其他西域小國。當然，唐太宗多少也基於胡俗「多由內政」，方差遣宗室公主下嫁西域諸王，希望透過聯姻的方式影響西域各部落酋長的政策，使聯姻國家與唐親善。因此，唐太宗時代，與唐聯姻的國家多爲西域強國。對於國勢不穩或對唐外交政策反覆無常以及想以聯姻取得政治、軍事外援的西域國家，唐太宗則常予以拒婚或絕婚。

唐太宗與西域諸國聯姻性質，唐太宗自己的解釋見於《資治通鑑》及《貞觀政要》在貞觀十六年（西元 642 年）唐太宗許婚薛延陀及貞觀十七年（西元 643 年）唐太宗絕婚薛延陀的史料之中。《貞觀政要》中記載唐太宗允婚薛延陀的原因，在於使頑強的薛延陀不侵略中國。因此不惜以皇女通婚，影響可汗的政策而使薛延陀親唐，若皇室公主生子而繼位爲下任可汗，則爲大唐天子的外孫，可永保邊塞和平。

貞觀十六年，太宗謂侍臣曰：「北狄代爲寇亂，今延陀倔強，須早爲

頁 167～168。

之所。朕熟思之，惟有二策：選徒十萬，擊而虜之，滌除凶丑，百年無事，此一策也。若遂其來請，與之婚媾，朕爲蒼生父母，苟可利之，豈惜一女！北狄風俗，多由內政，亦既生子，則我外孫，不侵中國，斷可知矣。以此而言，邊境足得三十年來無事。舉此二策，何者爲先？」司空房玄齡對曰：「遭隋室大亂之後，戶口太半未復，兵凶戰危，聖人所愼，和親之策，實天下幸甚！」〔註9〕

《資治通鑑》的記載也相同，唐太宗認爲若能以婚姻羈縻薛延陀而使邊塞和平，不會捨不得將一個皇室公主嫁予薛延陀。

上（唐太宗）謂侍臣曰：「薛延陀屈強漠北，今御之止有二策，苟非發兵殄滅之，則與之婚姻以撫之耳，二者何從？」房玄齡對曰：「中國新定，兵凶戰危，臣以爲和親便。」上曰：「然。朕爲民父母，苟可利之，何愛一女！」。〔註10〕

至於唐太宗悔婚薛延陀，主要受到曾爲薛延陀囚禁，後因和親而被薛延陀放歸中國的胡將契苾何力的勸阻。《資治通鑑》記載：

契苾何力上言：「薛延陀不可與婚……夷男（薛延陀可汗）性剛戾，既不成婚，其下復攜貳，不過一二年必病死，二子爭立，則可以坐制之矣！」……薛延陀先無庫廄，眞珠（夷男）調斂諸部，往返萬里，道涉沙磧，無水草，耗死將半，失期不至。議者或以爲聘財未備而與爲婚，將使戎狄輕中國，上乃下詔絕其婚。〔註11〕

對於唐太宗絕婚薛延陀事件，司馬光在《資治通鑑》中曾批評唐太宗不該「恃強去信而絕之」；而以唐太宗的角度，則認爲絕婚可造成薛延陀外圍部落的叛離，進一步使薛延陀破國，並解除其對中國威脅。這種看法，可能是受到契苾何力建議的影響。

是時，群臣多言：「國家既許其婚，受其聘幣，不可失信戎狄，更生邊患。」上曰：「卿曹皆知古而不知今。昔漢初匈奴強，中國弱，故飾子女，捐金絮以餌之，得事之宜。今中國強，戎狄弱，以我徒兵一千，可擊胡騎數萬，薛延陀所以匍匐稽顙，惟我所欲，不敢驕慢者，以新爲君長，雜姓非其種族，欲假中國之勢以威服耳。彼同羅、

〔註9〕 《貞觀政要‧議征伐》第三十五（貴州：貴州人民出版社，1991），頁479。
〔註10〕 《資治通鑑》（世界書局），頁6179～6180。
〔註11〕 《資治通鑑》（世界書局），頁6199～6120。

僕骨、回紇等十餘部，兵各數萬，并力攻之，立可破滅，所以不敢
發者，畏中國所立故也。今以女妻之，彼自恃大國之壻，雜姓誰敢
不服！戎狄人面獸心，一旦微不得意，必反噬爲害。今吾絕其婚，
殺其禮，雜姓知我棄之，不日將瓜剖之矣，卿曹第志之！」臣光曰：
孔子稱去食、去兵，不可去信。唐太宗審知薛延陀不可妻，則初勿
許其婚可也；既許之矣，乃復恃強去信而絕之，雖滅薛延陀，猶可
羞也。王者發言出令，可不慎哉！〔註12〕

　　從唐太宗許婚薛延陀到絕婚薛延陀，可看出和親完全是基於政治上的考量。只要對邊防有利，唐太宗「豈惜一女」、「何愛一女」；而在政治態勢變化之後，唐太宗也不惜棄信絕婚。另外，唐太宗在貞觀二年（西元 628 年）拒婚西突厥，進而促使其部落離叛，也可做爲唐太宗和親政策的佐證。

西突厥統葉護可汗爲其伯父所殺，伯父自立……統葉護之子咥力特
勒，避莫賀咄之禍，亡在康居，泥孰迎而立之，是爲乙毗鉢羅肆葉
護可汗，與莫賀咄相攻，連兵不息，俱遣使來請婚。上不許，曰：「汝
國方亂，君臣未定，何得言婚！」且諭以各守部分，勿復相攻。於
是西域諸國及敕勒先役屬西突厥者皆叛之。〔註13〕

　　綜上所述，足見吐蕃贊普松贊幹布與唐太宗都是擅長利用和親造成政治上通好、干涉或離間的君主。因而文成公主與松贊幹布聯姻的性質不僅應放在兩國和親政策中考量，同時也須觀待兩國當時的特殊政治背景。

## 參、唐與吐蕃在文成公主和親之前的政治與文化背景

　　唐遣文成公主到吐蕃和親以前，唐朝政治背景如下所述。貞觀四年（西元 630 年）破突厥服並俘頡利可汗，西北諸蕃爲唐太宗上尊號「天可汗」；貞觀八年至九年（西元 634～635 年）破吐谷渾；貞觀八年龜茲、吐蕃、高昌、女國、石國遣使朝貢；貞觀十年（西元 636 年）吐谷渾諾曷鉢可汗親至京師朝貢並請婚；貞觀十三年（西元 639 年）高麗、新羅、西突厥、吐火羅、康國、安國、波斯、疏勒、于闐、高昌、林邑、昆明都相次遣使向唐朝貢；貞觀十四年（西元 640 年）平高昌；因此，在貞觀十五年（西元 641 年）吐蕃國相祿東贊爲其贊普松贊幹布至中國迎娶文成公主歸吐蕃以前，中國在西

---

〔註12〕《資治通鑑》（世界書局），頁 6201。
〔註13〕《資治通鑑》（世界書局），頁 6061。

北邊疆已具有強大的政治威勢。反觀吐蕃贊普松贊幹布以十三歲沖齡即位之時（西元 629 年，唐太宗貞觀三年），吐蕃前贊普朗日松贊剛被大臣進毒弒殺；松贊幹布即位以後，「父王所屬民庶心懷怨望，母后所屬臣民公開叛離，外戚如象雄（羊同），犛牛蘇毗，聶尼達布、工布、娘布等均公開叛變」，松贊幹布「對進毒爲首諸人等斷然進行斬滅，令其絕嗣」。〔註14〕其後，吐蕃大臣權勢衝突又造成一連串的政爭，包括大臣瓊保・邦色離間贊普松贊幹布與另一位大臣芒布杰尙囊，以及後來大臣噶爾・宋域告發瓊保・邦色謀反。〔註15〕因此，從松贊幹布執政以來到噶爾家族專權之前，吐蕃的內政充斥著連串的政爭。

松贊幹布於唐貞觀六年（西元632年）娶泥婆羅（尼泊爾）尺尊公主（赤尊公主），於唐貞觀十五年（西元641年）娶文成公主，主要基於「泥妃、漢妃是強鄰之女，當時王室內部傾壓激烈，欲藉外以自重，故冊二女爲妃」。〔註16〕松贊幹布娶外國公主主要是「挾強鄰之勢以自重」，而當時吐蕃的政治地位也並不受到泥婆羅與唐的重視。

《西藏王統記》記載了吐蕃國相噶（祿東贊）在替吐蕃贊普松贊幹布求婚的過程中曾受到泥婆羅與唐的刁難，其中也提及吐蕃當時不論在宗教、建築、經濟、文化各方面的發展都不如泥婆羅與大唐帝國。噶（祿東贊）至泥婆羅時，泥婆羅國王提婆拉王曾對吐蕃有以下的批評。

> 王（泥婆羅提婆拉王）云：「汝贊普之心得勿爲魔魅所惑耶？想其神思錯亂矣。朔自迦葉古佛以迄於今，孤之王統未嘗衰替，爾主何堪爲匹。姑念汝等係遠道來者，今可速返藏地，往詢爾主，能否以佛教十善建立法律……汝等贊普，無乃太誇。汝可返藏問其有無修建佛宇之能力……汝等贊普何太誇妄。汝藏地可有五欲受用否？〔註17〕

吐蕃國相噶（祿東贊）陸續以贊普松贊幹布所寫的國書向泥婆羅國王提婆拉王保證，在西藏建立「具足十善法律」、修建一百零八座佛寺（並且每座佛寺的門都朝向泥婆羅國所在地的方位）、並「造金銀珍寶，綾羅嚴飾，珍饈飲食一切受用，無量無邊。特於四門，設四商市，悉攢一切邊土財貨，匯聚

---

〔註14〕王堯，陳踐譯注：《敦煌本吐蕃歷史文書》，頁165。
〔註15〕同前註。
〔註16〕劉立千譯注：《西藏王統記》，頁196。
〔註17〕劉立千譯注：《西藏王統記》，頁54～55。

我門，使具足受用」。〔註 18〕然而泥婆羅尺尊公主仍言：「彼地荒涼，無有佛教，受用匱乏，且遠離父母兄弟，山川險阻，我不欲往。」〔註 19〕可見，在藏傳典籍當中，西藏人自己也承認，吐蕃在求婚之初不爲泥婆羅所重視。

此外，《西藏王統記》也記載了噶（祿東贊）替贊普松贊幹布向唐求婚的經過，其中諸多記載可能出於藏族文學上的虛構，但足以彰顯噶（祿東贊）向唐求婚的經過比向泥婆羅求婚的經過更加困難，其記載則如下所述。

> 王（松贊幹布）仍賜以金幣七枚，謂以此作爲觀儀，賜朱砂寶石鑲嵌之珍貴鎧甲一襲，謂以此作爲公主聘禮。並賜金沙一升，囑必要時舍之……於是噶（祿東贊）攜王所賜，驅趕騾馬，偕同僚屬百人，於陽火猴年四月初八勝曜之日，向漢地進發，行抵漢地神京吉祥門唐主太宗之宮廷焉。見此地人戶約數十萬，每一街市約一日程，并有四大城門，瞻仰之下，不禁悚然驚懼。其時天竺法王之使臣百騎，亦爲請婚公主而來；格薩武王之使臣百騎，亦謂請婚公主而來；大食富王之使臣百騎，亦爲請婚公主而來；白達霍爾王之使臣百騎，亦謂請婚公主而來也〔註 20〕……爾時，各地使臣，各獻貢物，已得朝覲。蕃使亦請朝謁，諭令稍緩。延至七日，上（唐太宗）與侍臣駕游宮外，倫噶（祿東贊）以金幣七枚，獻爲觀儀，並將鑲嵌朱砂寶石之琉璃鎧甲一襲，獻於御前而啓白……帝（唐太宗）定睛視噶（祿東贊），隨駕諸臣皆大笑其妄。帝云：「言之不當，實屬荒謬。朕自肇承先帝王統，至今未替，爾王之勢力與版圖，皆非朕之匹敵。姑念爾等係遠道而來者，今可再返藏地，往詢汝主，能否建立十善法律……爾等贊普，何太誇妄。爾藏地有建立佛殿之能力否？……爾王未免誇妄太甚。爾之境土有五欲受用否？〔註 21〕」

〔註 18〕同前註。
〔註 19〕劉立千譯注：《西藏王統記》，頁 55。
〔註 20〕劉立千譯注：《西藏王統記》，頁 186。

劉立千注云：（吐蕃與）四國婚使同到長安請婚，與歷史不合。且四國中與唐室通婚媾者，在松贊幹布時只有突厥處羅可汗子尚衡陽（南陽）公主，吐谷渾尚弘化公主，後來還有回紇尚咸安公主等，但未聞有天竺、大食尚主之事。藏族文學上常喜用排比的手法來突出所述之主題，這純粹是文學上的虛構，而非信史。

〔註 21〕劉立千譯注：《西藏王統記》，頁 60～62。

　　以上這段藏傳史料，說明當時吐蕃的國勢與版圖都比不上大唐帝國。當然這些描述的文字，也可能含有文學上排比與誇張的成分。例如，劉立千提出天竺（印度）與大食（阿拉伯）不曾與唐聯姻。〔註22〕此外，噶（祿東贊）也以松贊幹布的國書向唐太宗保證建立十善法律、修建一百零八座佛宇、「措辦金銀財寶、谷糧綢緞、衣服裝飾、飲食享用等，使其財富可以比倫天界。又于四方，開四商門，使汝境（大唐帝國）財物，失自主力，希撮集於我（吐蕃）商門之外，立可成巨富」；〔註23〕可是唐文成公主在唐貞觀十五年（西元641年）嫁至吐蕃，距離泥婆羅尺尊公主於唐貞觀六年（西元632年）嫁至吐蕃已相隔九年，在這九年之中吐蕃贊普松贊幹布向泥婆羅國王所保證建立的十善法律居然還沒有完成，可見以上藏傳史料若不出於文學上排比的重複手法，十善法律便應由唐文成公主帶往吐蕃了。是以，我們對於藏傳史料文學排比的敘述手法雖不能太過認真的就事論事加以考證，但至少可以說明吐蕃在當時的國勢與文化是比不上泥婆羅與大唐帝國的。

## 肆、文成公主的政治地位

　　文成公主由貞觀十五年（西元641年）嫁至吐蕃，於高宗永隆元年（西元680年）薨於吐蕃，在西藏地區居住了三十九年。這段期間，文成公主經歷了松贊幹布於唐貞觀二十三年（西元649年）逝世的事件。〔註24〕從文成公主嫁至吐蕃到松贊幹布逝世的八年之間，《敦煌本吐蕃歷史文書》記載「墀松贊贊普（松贊幹布）生遐，與贊蒙文成公主同居三年耳」，〔註25〕似乎文成公主在松贊幹布生前並未得到寵愛。另外，從松贊幹布逝世到文成公主薨於吐蕃的三十一年之間，除了《資治通鑑》記載文成公主曾於唐高宗調露元年（西元679年）「遣其大臣論塞調傍來告喪（器弩悉弄贊普之喪），並請和親」〔註26〕之外，史籍對文成公主的記載則不多見。

---

〔註22〕劉立千譯注：《西藏王統記》，頁186。
〔註23〕劉立千譯注：《西藏王統記》，頁61～62。
〔註24〕《資治通鑑》（世界書局版），頁6271。
　　　　王堯，陳踐譯注：《敦煌本吐蕃歷史文書》，頁145。
　　　　按：《資治通鑑》記載松贊幹布薨於唐高宗永徽元年（西元650年），《敦煌本吐蕃歷史文書》則記載松贊幹布之遺骸于瓊瓦靈堂，長期匿喪不報。因此，扣除吐蕃匿喪的一年，松贊幹布應薨於唐太宗貞觀二十三年（西元649年）。
〔註25〕王堯，陳踐譯注：《敦煌本吐蕃歷史文書》，頁145。
〔註26〕《資治通鑑》（世界書局），頁6393。

　　關於文成公主初至吐蕃之時的地位，《西藏王統記》敘述了文成公主被泥婆羅尺尊公主與吐蕃國相噶（祿東贊）排擠的情形。文成公主嫁至吐蕃之時泥婆羅尺尊公主已在吐蕃居住九年，在吐蕃的勢力應超過初至吐蕃的文成公主。因而泥婆羅尺尊公主認爲先嫁者爲大，後嫁者爲小，她與文成公主可以就宗教、建築、服侍贊普、比較父兄國力大小來互相競賽。

　　（文成）公主衣各種錦繡之衣，佩帶金玉珠寶之飾，率其侍婢二十
　　五美女，亦各以綾羅爲衣，佩珠玉爲飾，攜琵琶樂器，往扎拉乃烏
　　塘游賞。斯時吐蕃臣民，皆來會聚，瞻視勝況，歌舞戲樂，一片歡
　　騰。適泥妃在扎拉扎喜宮，從宮頂瞭望，見漢女公主上下人等，濃
　　妝盛服，同在扎拉乃烏塘，頓然生起極大妒忿，乃出語曰：……爾
　　我大有別……我乃先侍王……正室大爲尊……嫡庶一決賽……賽贊
　　禮三寶，賽修建佛宇，和三寶住處，上賽服侍王，下賽護貧弱，賽
　　信受正法，賽積財置產，及耕稼農物，賽父兄大小，及所得妝奩，
　　若不能相競，勿望近人主，勿自大爲妃。正室大神殿，未修建一升，
　　側室小神殿，不得建一碗。〔註27〕

　　泥婆羅國的面積，在當時不到現今四川省的一半大，若論國力，大唐帝國的威勢應遠勝於泥婆羅。僅因文成公主初至吐蕃，方才遭受已嫁至吐蕃九年的尺尊公主的欺凌。

　　此外，噶（祿東贊）也故意漠視文成公主日常生活方面的照料，使文成公主無人服侍將近一個月，文成公主差點因此而氣回漢地。一個月後，噶（祿東贊）才稟告泥婆羅尺尊公主與吐蕃贊普松贊幹布，使文成公主與吐蕃贊普松贊幹布相見，《西藏王統記》記載如下。

　　彼時倫布噶亦恨唐朝皇帝有愛憎親疏之分，公主亦鄙薄藏地。因
　　念在唐時遭受諸種留難，遂使公主上下人等，無人服侍，幾近一
　　月。公主從人皆出怨言，謂藏地號爲餓鬼之鄉，眞實不虛，飲食
　　服用亦將不濟矣。公主聞之心中實難忍受，召噶至前謂之曰：『大
　　倫，依汝所言，儂乃至此。呼犬前來，不應打擊，希勿作此慚愧
　　無良之事，應供給我主僕上下人等飲食服用。我等係遠道而來，
　　乃遭受如此之煩惱耶？』噶云：『我無權力送致食飲，亦無力謁見
　　贊普，凡所應作，大權均操於泥婆羅王妃之手，請以此語，告於

---

〔註27〕王堯，陳踐譯注：《敦煌本吐蕃歷史文書》，頁 72～75。

泥妃。』言已即去……（文成公主）遂將覺阿像安置車上，並將
負載諸物，駕於馬、騾、駱馱之背，聲言：「人說藏土惡劣，已目
睹，親領之矣。」正籌歸計，倫布噶（祿東贊）忽至語曰：「公主
既已至家不可再歸寧父兄之邦，恐貽笑大方。且返漢之道，亦已
阻塞不通。當初來藏，無我同行，稽留於途，久未能行。今者我
將往商於泥婆羅妃，并奏請王知。」彼當即去請王相見。王果來
歡宴之所，與公主會晤……贊普亦因一月之間，未與公主相見，
心極歡悔，爲安公主之心，故慰問公主云……（文成）公主答道……
語畢大哭。時諸臣等亦來斥責，作不平之鳴。倫布噶（祿東贊）
言：「本諸漢人皆輕視我，除館舍婦一人而外，更無同情於吐蕃者，
尤以大唐天子偏私心重，即化人公主，汝亦對我鄙薄輕視也。」
漢公主聞之，亦生內疚，遂不作語矣。〔註28〕

以上藏文傳說史料顯示文成公主在初至藏地之時未受禮遇，然而在漢文
正史的記載卻不相同。《舊唐書·吐蕃傳》記載文成公主初至吐蕃和親的過程，
如下所述。

貞觀十五年（西元 641 年），（唐）太宗以文成公主妻之（吐蕃松贊
幹布），令禮部尚書、江夏郡王道宗主婚，持節送公主於吐蕃。弄讚
（松贊幹布）率其部兵次柏海，親迎於河源。（松贊幹布）見道宗，
執子婿之禮甚恭。既而歎大國服飾禮儀之美，俯仰有愧沮之色。及
與公主歸國，謂所親曰：「我父祖未有通婚上國者，今我得尚大唐公
主，爲幸實多。當爲公主築一城，以誇示後代。」遂築城邑，立棟
宇以居處焉。公主惡其人赭面，弄讚（松贊幹布）令國中權且罷之，
自亦釋氈裘，襲紈綺，漸慕華風。仍遣酋豪子弟，請入國學以習詩、
書。又請中國識文之人典其表疏。〔註29〕

《新唐書·吐蕃傳》也載有江夏王道宗持節護送文成公主入藏，而松贊
幹布親自迎接的經過情形。

十五年，妻以宗女文成公主，詔江夏王道宗持節護送，築館河源王
之國。弄讚（松贊幹布）率兵次柏海親迎，見道宗，執婿禮恭甚，
見中國服飾之美，縮縮媿沮。歸國，自以其先未有昏帝女者，乃爲

---

〔註28〕劉立千譯注：《西藏王統記》，頁 76～77。
〔註29〕《舊唐書·吐蕃傳》（鼎文版），頁 5221～5222。

公主築一城以夸後世，遂立宮室以居。公主惡國人赭面，王贊下令
國中禁之。自褫氈裘，襲紈綃，爲華風。譴諸豪子弟入國學，習詩、
書。又請儒者典書疏。〔註30〕

《資治通鑑》的記載也如同新舊唐書，其記載如下。

（唐太宗貞觀十五年春正月）丁丑（十五），命禮部尚書江夏王道宗
持節送文成公主于吐蕃。贊普大喜，見道宗，盡子壻禮，慕中國衣
服、儀衛之美，爲公主別築城郭宮室而處之，自服紈綺以見公主。
其國人皆以赭塗面，公主惡之，贊普下令禁之，亦漸革其猜暴之性，
遣子弟入國學，受詩、書。〔註31〕

　　比較漢文與藏文史料，對於文成公主入藏過程及吐蕃贊普松贊幹布是否
直接與其相見的問題，在記載中都有相當大的差距。漢文史料記載文成公主
由江夏王道宗持節護送至柏海。由於江夏王道宗所持的節代表唐太宗的權
威，因此吐蕃贊普至柏海親自迎接的可能性相當的大。

　　然而《西藏王統記》、《西藏王臣記》等藏文史籍一致記載泥婆羅尺尊公
主不讓松贊幹布與文成公主相見。首先就地理方位探討這個問題；柏海在今
青海省扎陵湖與鄂陵湖之地，〔註32〕距離吐蕃首府邏些（今西藏自治區拉
薩）還有一段很長的距離。漢文史料對文成公主入藏經過的記載，只記到文
成公主至青海的階段，沒有記載到文成公主至西藏的情況。而江夏王道宗持
節護送文成公主也只是護送到青海，並未將文成公主護送至拉薩。由於唐依
禮法派江夏王道宗爲文成公主主婚，所以吐蕃贊普松贊幹布有必要親自迎
接。

　　另外，西藏婚俗中常於「成親那天，娶方（或招贅方）在新娘（或贅方）
未入家門之前，要在半途上插『達達』（繫有哈達等物的彩箭），再次表示入
門者算是自家的人了，也有祝『吉祥如意』的意思」，〔註33〕而這種於半途迎
娶的婚禮習俗，已發展爲新婚夫婦先在迎娶之地居住一段時間之後，再正式

〔註30〕　《新唐書・吐蕃傳》（鼎文書局），頁 6074。
〔註31〕　《資治通鑑》（世界書局），頁 6164～6165。
〔註32〕　譚其驤主編：《中國歷史地圖集・隋、唐、五代十國時期》（上海：地圖出版
　　　　社，1982 年 10 月），頁 76～77。
〔註33〕　《藏族社會歷史調查》（二）（拉薩：西藏人民出版社，19～88 年 5 月），頁
　　　　106。

入門並訂立「親家文契（表示兩家永遠和善）」。〔註34〕依現存西藏婚禮習俗來看，吐蕃贊普松贊幹布親自到柏海迎親並成婚，合於西藏婚禮習俗。

　　然而，藏文史料中卻始終未提及江夏王道宗持節護送文成公主，以及松贊幹布本人親自到柏海迎接文成公主的事件。只提到文成公主是由噶（祿東贊）接回西藏，〔註35〕並且噶（祿東贊）在接文成公主回吐蕃之前，曾被唐太宗強留在長安和親並充當人質，後來才以機智逃出，並趕往文成公主和親隊伍之處相會，最後護送文成公主入藏。《西藏王臣記》記載如下。

　　　　唐皇在送別公主的時候，由於聽信了枳・色汝貢通因嫉妒大臣噶（祿東贊）而進的讒言，立即命大臣噶留駐在中原內地。藏使大臣噶也就只好遵命住下來。這樣，唐宮裡的人們才放下了心。他們爲了要給後代遺傳這一藏使的機智種子，特選了一名美麗的青春少女給大臣噶做夫人。〔註36〕

　　關於祿東贊被強留在長安，及被迫娶皇親瑯邪公主外孫段氏爲妻的事件，《資治通鑑》的記載如下。

　　　　（唐太宗貞觀十五年）春正月甲戌（十二），以祿東贊爲右衛大將軍。

　　　　上嘉祿東贊善應對，以琅邪公主外孫段氏妻之；（祿東贊）辭曰：「臣國中自有婦，父母所聘，不可棄也。且贊普未得謁公主，陪臣何敢

---

〔註34〕同前註。

〔註35〕關於吐蕃贊普松贊幹布是否至柏海（青海扎陵湖與鄂陵湖）接文成公主的問題，目前漢、藏學者仍未有一致的說法。漢文正史如《舊唐書》、《新唐書》、《資治通鑑》都一致記載吐蕃贊普松贊幹布至柏海迎親，而江夏王道宗也是在見到松贊幹布之後才返回漢地。但藏文口傳文學則傳述噶（祿東贊）在護送文成公主的至邏些（拉薩）共花了一年的時間，而文成公主至西藏以後則懷了噶（祿東贊）的孩子，噶（祿東贊）也因此事被挖掉雙眼。但是，《敦煌本吐蕃歷史文書》顯示，噶（祿東贊）在松贊幹布逝世（西元649年）之後至其於唐高宗乾封二年（西元667年）過世之間，曾在吐蕃地區定牛腿稅、舉行集會，並前往吐谷渾駐紮，還到吐貨爾地方徵集象雄之供儀；因此，松贊幹布是否失明，令人對藏族口傳文學存疑。另外，一些藏族學者提出吐蕃贊普松贊幹布在遷都邏些（拉薩）以後便不曾離開，他們認爲吐蕃一些重要的戰爭都由將領統帥出戰，贊普既然不曾親征，更不可能爲了迎接文成公主而至青海。然而，不能以藏文史料未曾記載松贊幹布至青海迎親，便說漢文史料記載不可信。是以，本文對於松贊幹布至青海迎親的問題主要依照漢文正史史料，對於藏文口傳文學以及藏籍學者的說法則附列於上以備參考之用。

〔註36〕第五世達賴嘛喇昂旺羅桑嘉措著：《西藏王統記》（台北：佛教出版社重印，1985年4月），頁47。

先娶！」上益賢之，然欲撫以厚恩，竟不從其志。〔註37〕

　　唐太宗將皇親段氏嫁予祿東贊，到底是爲了「要給後代遺傳這一藏使的機智種子」，或者有其他的用意，我們可再以《西藏王統記》的記載來說明。

　　於時，送行眾臣之中，有止塞如恭頓其人，頗嫉妒倫布噶（祿東贊），遂啓奏於王曰：「需有一聰穎大臣留爲公主人質，則漢藏可永保和諧。」旋以目晲視倫布噶（祿東贊）。唐主曰：「朕之妙麗公主，即歸爾吐蕃，當留噶爲質。」倫布噶知止塞如恭頓之嫉已，乃奏言：「爲藏漢和好，我當如命留質。」〔註38〕

　　《西藏王統記》說明祿東贊被強留在長安並娶皇親爲妻的情況，是在漢地作人質，以保障唐與吐蕃的和平。因此，唐太宗不僅對吐蕃贊普和親，同時也對吐蕃掌權重臣祿東贊和親，而祿東贊被強留在中國和親的意義即在於充當人質。是以，文成公主至吐蕃和親的意義，實際上也帶有作爲人質用以保證和平的意義。當時吐蕃似乎也不知道文成公主並非唐太宗所親生，《西藏王統記》記載文成公主與唐皇帝、皇后、太子同居於皇宮之中，這與文成公主只是宗室公主的身分並不相合，但《西藏王統記》則記述如下。

　　帝（唐太宗）驚駭尤甚，心自作念，吾女求婚者固多，其後必將婚於藏王乎。心極不安，返駕回宮。帝與皇后、太子、公主等共相聚議。帝父曰：「佛法來自天竺，慈恩浩大，許婚天竺法王，爲最允當。」母后性極貪容，云：「當許婚大食富裕之王。」太子喜勇武有力者，云：「當許予白達霍爾王爲婚。」公主亦喜容顏俊美者，乃云終身伴侶，最當審慎，其意蓋在格薩英武之王也。惟喜吐蕃者，竟未有人。

　　〔註39〕

　　《西藏王統記》將文成公主視爲唐太宗親生嫡女，並將文成公主選婿之時皇帝、皇后、太子與文成公主本人的心理狀態圍繞在一股濃郁的親情氣氛下描述，這與唐太宗在提及和親之時所稱「朕爲蒼生父母，苟可利之，豈惜一女」〔註40〕、「朕爲民父母，苟可利之，何愛一女」〔註41〕的豪情是無法互相比擬的。

---

〔註37〕　《資治通鑑》（世界書局），頁6164。
〔註38〕　劉立千譯注：《西藏王統記》，頁69～70。
〔註39〕　劉立千譯注：《西藏王統記》，頁62。
〔註40〕　《貞觀政要・議征伐》第三十五，頁479。
〔註41〕　《資治通鑑》（世界書局），頁6180。

　　文成公主以一個大唐帝國宗室公主的身分，在唐太宗以天下蒼生為重的
政策下，嫁入以為她是皇帝親生女兒的吐蕃王國中，而她對唐與吐蕃政治上
的影響，卻只限於吐蕃贊普松贊幹布在位之時。在唐太宗與松贊幹布相繼去
世之後，在文成公主寡居吐蕃三十一年的歲月裡，唐與吐蕃仍經常處於戰爭
敵對之中。

　　吐蕃勢力的興起，王吉林老師在《歷史人物分析・唐太宗》（國立空中大
學）認為主要受到唐太宗在貞觀十九年（西元 645 年）至貞觀二十年（西元
646 年）親征遼東，使得唐陷於東西兩面作戰的困境，才使吐蕃有機可乘。唐
太宗用兵東面的同時，薛延陀開始入寇，西突厥接著請婚，唐又割龜茲、于
闐、疏勒、朱俱波、蔥嶺五國作為給予西突厥的聘禮。〔註 42〕雖然吐蕃因為
文成公主和親的緣故，使松贊幹布並未趁唐太宗東征之時入寇，然而吐蕃已
利用唐無力西顧之時擴大勢力。《舊唐書・吐蕃傳》記載文成公主和親至吐蕃
贊普松贊幹布逝世之前，唐與吐蕃的關係十分友好，這個階段中兩國之間的
相關重要事件，可看出吐蕃勢力正在不斷的滋長。

　　　　太宗伐遼東還，（松贊幹布）遣祿東贊來賀，奉表曰：「聖天子平定
　　　四方，日月所照之國，並為臣妾，而高麗恃遠，闕於臣禮。天子自
　　　領百萬，度遼致討，隳城陷陣，指日凱旋。夷狄繞聞陛下發駕，少
　　　進之間，已聞歸國。雁飛迅越，不及陛下速疾。奴忝預子壻，喜百
　　　常夷。夫鵝，猶雁也，故作金鵝奉獻。」其鵝黃金鑄成，其高七尺，
　　　中可實酒三斛。二十二年，右衛率府長史王玄策使往西域，為中天
　　　竺所掠，吐蕃發精兵與玄策擊天竺，大破之，遣使來獻捷。〔註43〕

　　以上資料顯示，自文成公主和親至松贊幹布逝世這段期間，吐蕃曾貢金
鵝賀唐太宗征遼東，也曾幫助王玄策攻打天竺，唐與吐蕃的關係透過文成公
主的和親而和諧密切。由其是吐蕃出兵助伐天竺的經過，《資治通鑑》有更深
入的描述。

　　　　（唐太宗貞觀二十二年）五月，庚子，右衛率長史王玄策擊帝那伏
　　　帝王阿羅那順，大破之。初，中天竺王尸羅逸多兵最強，四天竺皆
　　　臣之，玄策奉使至天竺，諸國皆遣史入貢。會尸羅逸多卒，國中大
　　　亂，其臣阿羅那順自立，發胡兵攻玄策，玄策帥從者三十人與戰，

〔註42〕《資治通鑑》（世界書局），頁 6236。
〔註43〕《舊唐書・吐蕃傳》（鼎文書局），頁 5222。

力不敵，悉爲所檎，阿羅那順盡掠諸國貢物。玄策脫身宵遁，抵吐蕃西境，以書徵鄰國兵，吐蕃遣精銳千二百人，泥婆羅國遣七千餘騎赴之。玄策與其副蔣師仁帥二國之兵進中天竺所居茶鎛和羅城，連戰三日，大破之，斬首三千餘級，赴水溺死者且萬人。阿羅那順棄城走，更收餘眾，還與師仁戰；又破之，擒阿羅那順。餘眾奉其妃及王子，阻乾陀衞江，師仁進擊之，眾潰，獲其妃及王子，虜男女萬二千人。於是天竺響震，城邑聚落降者五百八十餘所，俘阿羅那順以歸。以玄策爲朝散大夫。〔註44〕

上述資料顯示，王玄策之所以能反敗爲勝，主要是依靠吐蕃與泥婆羅的軍隊相助，而當時「泥婆羅國直吐蕃之西樂陵川，臣於吐蕃」；〔註45〕因此，王玄策能征服天竺，可說全靠著吐蕃相助。而吐蕃之所以相助，完全是基於文成公主和親後唐與吐蕃關係友善所致。

但在貞觀二十三年（西元649年）五月，唐太宗與吐蕃贊普松贊幹布相繼去世之後，〔註46〕吐蕃開始不臣服於唐。首先，唐高宗在唐太宗逝世之後，因不知吐蕃贊普松贊幹布處於匿喪階段，「授弄讚（松贊幹布）爲駙馬都尉，封西海郡王，賜物二千段」。〔註47〕這段吐蕃贊普匿喪的時間，因「弄讚（吐蕃贊普）子早死，其孫繼立，復號贊普，時年幼，國事皆委祿東贊」，〔註48〕所以唐高宗在吐蕃匿喪階段分封的對象爲松贊幹布的後代，吐蕃於國書中有「天子初即位，若臣下有不忠之心者，當勒兵以赴國除討」〔註49〕，諸如「吐蕃以太宗晏駕，固有輕中國之心矣」〔註50〕的言語，可能出於吐蕃權相祿東贊之手。

在祿東贊掌權的這段期間，吐蕃贊普曾於唐高宗顯慶三年（西元658年）多十月向唐請婚，〔註51〕此時的吐蕃的贊普仍爲松贊幹布之孫芒松芒贊（墀芒倫芒贊）贊普。〔註52〕這次請婚似乎沒有結果；之後吐蕃權相祿東贊趁唐

〔註44〕《資治通鑑》（世界書局），頁6257～6258。
〔註45〕《資治通鑑》（世界書局），頁6257胡三省注。
〔註46〕《資治通鑑》（世界書局），頁6271。
〔註47〕《舊唐書・吐蕃傳》（鼎文書局），頁5222。
〔註48〕同前註。
〔註49〕同前註。
〔註50〕《資治通鑑》（世界書局），頁6270胡三省注。
〔註51〕《資治通鑑》（世界書局），頁6310。
〔註52〕王堯，陳踐譯注：《敦煌本吐蕃歷史文書》，頁145。

高宗於第二年（顯慶四年，西元 659 年）用兵遼東的機會，〔註 53〕「遣其子啓政將兵擊吐谷渾，以吐谷渾內附也」，〔註 54〕可見吐蕃的請婚是爲了向唐示好而乘機併吞吐谷渾。

　　吐蕃對吐谷渾的野心，可由祿東贊長期進駐吐谷渾看出。祿東贊自唐高宗顯慶四年（西元 659 年）至唐高宗乾封元年（西元 666 年）（祿東贊過世的前一年）都在吐谷渾境內經營，〔註 55〕中國正史記載祿東贊爲吐蕃經營吐谷渾的事件如下。

> 吐谷渾內附，祿東贊怨忿，率銳兵擊之，而吐谷渾大臣素和貴奔吐蕃，恭以虛實，故吐蕃能破其國……吐蕃使論仲琮入朝，表吐谷渾罪，帝遣使者譙讓，乃使來請與吐谷渾平憾，求赤水地牧馬，不許。會祿東贊死。東贊不知書而性明毅，用兵有節制，吐蕃倚之，遂爲強國。〔註 56〕

　　吐蕃不僅經營吐谷渾，同時也參與突厥內部的政爭，最後促使突厥「十姓無主，有阿史那都支及李遮匐收其餘眾附於吐蕃」；〔註 57〕可見吐蕃在祿東贊的經營之下，勢力愈來愈向唐逼進。但吐蕃與唐的直接衝突，還是基於吐谷渾的事件所引發的。唐高宗於龍朔三年（西元 663 年）五月，吐蕃與吐谷渾發生戰爭，各派遣使者向唐請求救援的軍隊，唐高宗沒有支持任何一方。後來吐谷渾叛臣逃往吐蕃，幫助吐蕃攻破吐谷渾，造成吐谷渾遷徙內地；此時，唐高宗才開始在與吐蕃交界的地區備兵防範。吐蕃國相祿東贊也在青海屯兵，另外派遣使臣論仲琮至唐陳述吐谷渾的過失，並替吐蕃贊普（芒松芒贊或墀芒倫芒贊）求婚，〔註 58〕唐高宗非但沒有答應，並派遣使者去責備吐蕃侵佔吐谷渾。吐蕃在唐高宗麟德元年（西元 664 年）又派遣使者至唐，請

〔註 53〕《資治通鑑》（世界書局），頁 6320。
　　（唐高宗顯慶五年）百濟恃高麗之援，數侵新羅；新羅王春秋上表求救。辛亥，以左武衛大將軍蘇定方爲神丘道行軍大總管。帥左驍衛將軍劉伯英等水陸十萬以伐百濟。以春秋爲嵎夷道行軍總管，將新羅之眾，與之合勢。
〔註 54〕《資治通鑑》（世界書局），頁 6321。
〔註 55〕王堯，陳踐譯注：《敦煌本吐蕃歷史文書》，頁 146。
〔註 56〕《新唐書・吐蕃傳》，（鼎文書局），頁 6075。
〔註 57〕《資治通鑑》（世界書局），頁 6333。
　　蘇海政受詔討龜茲……軍還，至疏勒，南弓月部復引吐蕃之眾來，欲與唐兵戰；海政以師老不敢戰，以軍資賂吐蕃，約和而還……十姓無主，有阿史那都支及李遮匐收其餘眾附於吐蕃。
〔註 58〕王堯，陳踐譯注：《敦煌本吐蕃歷史文書》，頁 145～146。

求與吐谷渾和親，唐高宗依然不答應。

吐蕃繼續向外開拓，到唐高宗乾封二年（西元 667 年）時，生羌十二州皆為吐蕃所破，然而，吐蕃的國相祿東贊也於此時病逝。〔註59〕祿東贊死後，其子欽陵世襲為吐蕃國相，仍然繼續在吐谷渾用兵並向外開拓。唐高宗咸亨元年（西元 670 年），「吐蕃陷西域十八州，又與于闐襲龜茲撥換城，陷之」，使唐朝不得已廢棄了龜茲、于闐、焉耆、疏勒四鎮。最後，在吐蕃勢力不斷擴大之下，終於造成了唐與吐蕃的大非川之役。〔註60〕

大非川之役，因唐將領郭待封與薛仁貴不合，致使唐軍敗於吐蕃宰相欽陵。〔註61〕此後不僅吐谷渾故地入於吐蕃的勢力範圍，同時，吐蕃「連歲寇邊，當、悉等州諸羌盡降之」。〔註62〕唐高宗儀鳳元年（西元 676 年）閏三月，吐蕃又寇鄯、廓、河、芳等州；八月，又寇疊州；次年五月，吐蕃再寇扶州臨河鎮，唐高宗終於下詔發兵討伐吐蕃。〔註63〕唐高宗儀鳳三年（西元 678 年）唐將「李敬玄將兵十八萬與吐蕃將論欽陵戰於青海之上，兵敗」，而後靠著小將「左領員外將軍黑齒常之，夜帥敢死之士五百人襲擊虜營」，造成吐蕃逃遁，李敬玄才能收拾殘眾，並與唐將婁師德合兵再與吐蕃將領領贊婆在赤嶺相會合盟，而後「贊婆甚悅，為之數年不犯邊」。〔註64〕唐高宗永隆元年（西元 680 年）七月，吐蕃又寇河源之地，為唐將左武衛將軍黑齒常之擊退，然而吐蕃的勢力已經不斷的擴大，並且「以生羌為鄉導，攻陷其城，以兵據之，由是西洱諸蠻皆降於吐蕃。吐蕃盡據羊同、党項及諸羌之地，東接涼、松、茂、嶲等州，南臨天竺，西陷龜茲、疏勒等四鎮，北抵突厥，地方萬餘里，諸胡之盛，莫與為比」。〔註65〕

由以上歷史事件，我們可以發現，吐蕃贊普松贊幹布自松州之役先勝後敗而娶得唐宗室女文成公主之後，至其過世（西元 649 年）之前，也就是唐太宗在位期間，兩國的關係因和親結盟而彼此親善。但在唐太宗與松贊幹布相繼過世以後，和親似乎未發生真正的政治作用。吐蕃在國相祿東贊及其子

---

〔註59〕 王堯，陳踐譯注：《敦煌本吐蕃歷史文書》，頁 146。
〔註60〕 《資治通鑑》（世界書局），頁 6363～6364。
〔註61〕 《資治通鑑》（世界書局），頁 6364。
〔註62〕 《舊唐書・吐蕃傳》（鼎文書局），頁 5223。
〔註63〕 《資治通鑑》（世界書局），頁 6379～6384。
〔註64〕 《資治通鑑》（世界書局），頁 6385～6386。
〔註65〕 《資治通鑑》（世界書局），頁 6395～6396。

欽陵、贊婆的主導下，不斷的擴張土地並與唐發生戰爭，使得吐蕃問題成爲
唐高宗時代一個無法解決的問題。〔註66〕而在松贊幹布過世至文成公主過世
（唐高宗永隆元年，西元 680 年）的三十一年裡，文成公主除了於唐高宗調
露元年（西元 679 年）「遣其大臣論塞調傍來告喪，并請和親」〔註67〕之外，
與唐及吐蕃之間的關係則不見於漢文史籍。故而，文成公主對唐與吐蕃的政
治影響是有其限制的，唐與吐蕃在唐太宗與松贊幹布過世之後，一直到文成
公主過世之前，仍然不斷的發生戰爭。

## 伍、結語 —— 文成公主的歷史地位

文成公主雖在政治方面對吐蕃的影響有其侷限性，但對吐蕃文化的影響
則是深遠無窮的。因此，文成公主在西藏人心目中的地位，即爲其歷史地位。
而文成公主的歷史地位，則完全透過她自身溫和的性情、豐富的才學、以及
自唐朝引進吐蕃的文化所造就而成的。

首先，我們可就文成公主溫和的性情，說明文成公主被西藏人視爲「救
度母」的化身，顯現出慈悲像；與泥婆羅尺尊公主被視爲「蹙額母」的化身，
顯現出憤怒像有所不同。〔註68〕《西藏王統記》對文成公主的出身及性情，
有以下的描述。

> （觀世音菩薩）又一光由左眼放出，射往漢地，令漢土爲光所遍照……
> 入於唐主后妃之胎焉。又滿九月零十日，產一絕妙公主（文成公主）。
> 此公主亦極爲超凡出眾，身色青翠而具紅光澤，口出青優婆羅花香
> 氣，且于一切經史無不通曉，伊人即他日甲木薩唐公主也。〔註69〕
> 漢土唐太宗之女公主，身色青翠而具紅潤，口出青色優汝羅花香氣，
> 且于一切文史典籍無不通曉，若迎娶之，即世尊壽十二歲之身像并
> 諸一切大乘佛法皆可輸入吐蕃也。〔註70〕

---

〔註66〕《資治通鑑》（世界書局），頁 6386。
上以吐蕃爲憂，悉召侍臣謀之，或欲和親以息民；或欲嚴設守備，俟公私富
實而討之；或欲亟發兵擊之。議竟不決，賜食而遣之。
〔註67〕《資治通鑑》（世界書局），頁 6393。
〔註68〕五世達賴昂旺羅桑嘉措著；郭和卿譯：《西藏王臣記》（台北：佛教書局重印，
1985 年 4 月），頁 34。
〔註69〕劉立千譯注：《西藏王統記》，頁 39。
〔註70〕劉立千譯注：《西藏王統記》，頁 53。

　　由於西藏人視文成公主爲救度母化身，因此在藏傳史料中記載文成公主初至吐蕃被泥婆羅尺尊公主妒嫉之時，文成公主仍然以和諧相處爲原則而作歌回答尺尊公主，其所作之歌原文如下。

> 噫嘻，其極堪一笑，依尚未獲居住所，兩足未曾越戶限，眼目未曾睹王面，王妃妒語何太早。禽鳥飛翔虛空羽，與及溫濕地生竹，各適其性位相等，前緣共聚射者手，雖有上下乃名異。三谷草坪所生花，三壩園地開芙蕖，嬌麗顏色皆相等，由因緣力聚神前，雖有前後乃名異。自尼泊爾來赤尊（尺尊），與儂公主來漢地，父兄妝奩伯仲間，由宿願力聚王前，雖有大小乃名異。名分次第嫡庶等，若能和諧勝同胞，若相瞋恨各逞能。在彼遠方尼漢地，兩位王父俱現在，各炫父兄豈不敵？樂利福善之源本，見、聞、念、觸德難思，炫兩覺阿豈不敵，金銀綾羅諸眞寶，以及馬、騾、駱駝等，各炫嫁奩豈不敵？世間一切工巧藝，美妙裝飾與烹調，外及耕嫁紡織等，能工巧手豈不敵？〔註71〕

　　以上資料顯示，文成公主不僅性情溫和，並且爲吐蕃自漢地帶來了許多吐蕃前所未有的文化。此外，文成公主通曉星算，又不計前嫌的幫助尺尊公主修建寺廟，可見文成公主不僅心性善良，並且才學過人。在藏學會議中，曾有學者提及中國至元代仍不斷有和親公主嫁到西藏；但沒有一位和親公主能夠被藏族長遠的記憶到現在。所以，文成公主不僅因第一位嫁到西藏的和親公主而被懷念，更因性情與才學被藏族崇敬至今。

　　其次，關於文成公主才學方面的記載，藏傳史料描述如下。

> （泥婆羅公主）赤尊（尺尊）王妃知漢妃通曉星算之學……漢妃公主遂展出八十種博唐數理及五行算圖，詳爲推算，有如是等：「知有雪藏土爲女魔仰臥之相，臥塘湖即女魔心血，三山爲其心竅之脈絡，此地乃純位于魔女之心上，應填平此湖……。初填湖時，用白色山羊負土填之。即在其上，妥爲修建佛寺。」〔註72〕

　　《西藏王臣記》也記載文成公主不僅「精曉星算、風水等術」，並且擅長音樂，能夠「不斷地奏起如千闥婆（天界樂師）琵琶的妙樂，來供養釋迦佛

---

〔註71〕劉立千譯注：《西藏王統記》，頁76。
〔註72〕劉立千譯注：《西藏王統記》，頁78～80。

像」。〔註73〕

第三，文成公主自漢地帶來的文化，對西藏文化有深遠的影響，藏傳史料認爲文成公主將漢地以下的文化帶往西藏。

> 如果命兒（文成公主）出嫁到西藏，兒請求賜我釋迦牟尼佛像，以及爲了鎮守那野地邊荒的西藏地區，和所有凶惡的神魔鬼怪起見，而需要的占卜、曆法、星算諸術的圖書等。並賜兒能滿意願的財物和用之不盡的珍寶等。〔註74〕上（唐太宗）賜公主嫁奩極豐，不可計量……遂攜菁蔓種子，復造車輿，置覺阿釋迦像於其上……復賜負運此珍寶、綾羅、衣服、飾品與及當時所需資具之馬、騾、駱駝等甚眾。〔註75〕

以上資料顯示，文成公主將漢地的菁蔓種子、釋迦牟尼像、珍寶、綾羅、衣服、飾品，以及占卜、曆法、星算諸術的圖書帶往吐蕃。此外，藏文史料又記載文成公主在被尺尊公主阻絕與松贊幹布相見時，曾彈琵琶作歌吟唱，此琵琶歌亦提及她對吐蕃文化的貢獻如下。

> 女離鄉遠適，送覺阿像來，送占星學來，攜來綾羅寶，來爲乳取酥，來爲酥變酪，來爲細紡絲，來爲籃作繩，來爲陶變岳，來爲安水碾，來攜菁蔓種。漢地福遠損，藏土享康樂。女在母家能，出閣倍傷情。來藏爲成家，呼犬入門撻，吐蕃實無良。小刃利近柄，小曲悲動聽。女在母家能，王口隨臣轉，夫口隨婦轉，機隨緯線轉，劣田隨莠轉，我無留住裡，倫布噶有愧。〔註76〕

文成公主於琵琶歌中，又敘述了她爲吐蕃帶來了製作乳酪、紡絲、織布、耕種的方法，並改良陶器、竹器等器皿。

至於文成公主以星算曆法及風水知識建築寺廟，則反映出漢地的建築技術高於藏地的建築技術，漢地建築技術在文成公主之時已傳至吐蕃。

另外，吐蕃的藏文法律是在唐高宗永徽六年（西元 655 年）被祿東贊寫定。〔註77〕在此之前，《舊唐書》稱吐蕃法律完全隨君主意志而沒有一定規制。

> 用刑嚴峻，小罪答剜鼻，或皮鞭鞭之，但隨喜怒而無常科。囚人於

---

〔註73〕五世達賴昂旺羅桑嘉措著；郭和卿譯：《西藏王臣記》，頁 51。
〔註74〕五世達賴昂旺羅桑嘉措著；郭和卿譯：《西藏王臣記》，頁 41。
〔註75〕劉立千譯注：《西藏王統記》，頁 69。
〔註76〕劉立千譯注：《西藏王統記》，頁 76。
〔註77〕王堯，陳踐譯注：《敦煌本吐蕃歷史文書》，頁 145。

地牢，深數丈，二三年方出之。〔註78〕

　　但在祿東贊將法律寫定之後，吐蕃則由「血親復仇」的原始習慣法，發展為「賠償命價」的成文法律。而《賢者喜宴》也記載了「吐蕃六法」的名目（王廷、尉署職官安置之法；度量衡位差之法；十五種獎善懲惡之法；據兩造申訴而判決之法；分級審理訴訟之法；內府管理之法），〔註79〕這些法律的形成，據《西藏王統記》的說法，是受到尺尊公主與文成公主的影響。〔註80〕

　　另外，目前藏戲舞蹈中女伶皆身著唐裝，在舞蹈技巧上也有甩水袖、仰身彎腰等中國傳統舞蹈技巧的色彩，據估測皆來自文成公主所引進之漢地文化。

　　因此，文成公主的對於唐與吐蕃政治關係，雖僅限於維持了八年的和平，而且兩國和平的背景主要還是基於唐太宗與吐蕃贊普松贊幹布的實力相當；此後兩國則不斷交戰。可見文成公主在唐與吐蕃關係中的政治地位並不重要；但是，文成公主由漢地帶到吐蕃的文化，則促使西藏文化有更為豐富的內涵。文成公主之所以在藏傳佛教中被視為救度母慈悲的化身，足見其所帶動漢藏文化交流的影響是長遠而無窮盡的。文成公主的歷史地位，亦隨著漢藏文化不斷的交流而日益深刻。

---

〔註78〕《舊唐書·吐蕃傳》（鼎文書局），頁 5219～5220。
〔註79〕王堯：《吐蕃文化史》（吉林：吉林教育出版社，1988年）頁 58。
〔註80〕劉立千譯注：《西藏王統記》，頁 54～55、61。

# 附錄二：漢代匈奴種族問題

## 提　要

　　匈奴是最早見於中國正史系統記載的外族，它的人種問題，一直存在著爭議。然而只要釐清匈奴帝國封建部落中「匈奴別種」與匈奴單于族「攣鞮氏」（或稱虛連題氏）種屬間的二者差異，匈奴人種問題便可以在時空範圍內加以固定，漢代匈奴種族問題亦得以迎刃而解。

　　雖則匈奴帝國的部落封建型態，及其對外族進行劫掠時的龐雜軍事組織，都易造成氏族與氏族之間的血統融合。但就單于王位繼承方式「必立宗種」的嚴格規制及單于婚姻制度的封閉性質來看，匈奴單于氏族的種屬問題，是可以由文獻、考古、語言和風俗習慣得到正確合理的估測。

　　本文分列四章：

　　第一章前言。說明匈奴時空範圍的界定及輔助學科的運用，有助於研究種屬問題。

　　第二章匈奴先世及其後代族屬的資料考訂。則排比史料，說明文獻傳說中以為匈奴出於漢族乃係出於人名與族名的混稱；而經由語言學對音方式的分析，匈奴單于王族應屬於阿爾泰系語族，與匈奴帝國其他部落的人種不一定相同。

　　第三章匈奴本部族屬的種族封閉性及其與異種部落間的聯繫關係。則就匈奴單于王位繼承制度及單于族婚姻制度的血緣封閉性，說明匈奴攣鞮氏族種屬的純粹性。

　　第四章結語：漢代匈奴種屬及其崛起過程與消散原因的再探討。釐清匈奴帝國的封建部落種屬與匈奴單于王室血統的差異，並以考古人骨分析資料證明漢代匈奴為阿爾泰系語族的蒙古大人種，在人種及語言方面較接近後世的突厥族。

## 一、前　言

　　漢代匈奴部種的變遷，是研究匈奴學迫切需要解決的基礎工作。匈奴直接文獻的缺乏和民族地域的移轉，都是研究部種問題的障礙。唯有先瞭解匈奴部種的時空範圍對象，匈奴的史事制度才會出現明晰的系統軌跡。

　　當代中國學者嘗試以考古、政治、社會、語言等其他輔助學科拓展傳統文獻考證，克服了「匈奴本身並無文獻遺留，吾人所據以推測者，僅是其他民族對匈奴的零碎紀錄以及近來若干考古所得之資料〔註1〕」、「實在匈奴與匈人均爲遊牧民族，遷徙無定，久與他族混合，純粹的匈奴人與匈人或已不復存在〔註2〕」的研究瓶頸，在解釋觀點和研究方法雙方面都有了長足的進步。

　　以文獻史料探討匈奴種族方面，出現了語言重建的研究方法，及以社會學、政治學、文化人類學、體質人類學、民俗與宗教等觀點解析習俗制度的傾向。以考古發現探討匈奴種族，能夠歸結匈奴文化圈的特質與族屬；並藉助遺址地點分布和碳測時代先後，配合文獻線索，排列出匈奴遷徙移動的正確途徑。時空範圍的定位和種族對象的劃定，都使得匈奴在正史留下的遺痕得到合理的說明，並得以建立出完備的體系。

　　本文旨在整理、釐清當代中國學者對漢代匈奴部種變遷的研究成果，並以印度文字史料做爲補充印證。

## 二、匈奴先世及其後代族屬的資料考訂

　　「匈奴」二字不見於秦代以前的典籍，〔註3〕秦昭王時才出現匈奴專稱。〔註4〕史書所載匈奴先世別名，則如下所述。

　　《史記・匈奴列傳》記載匈奴先世稱號淳維，而淳維與山戎、獫狁、葷粥地望相當且習俗一致，〔註5〕但未稱淳維即是山戎、獫狁、葷粥。唐代司馬貞

〔註1〕黃俊傑，《雲五社會科學大辭典・歷史學》匈奴條，頁35。
〔註2〕姚從吾：〈歐洲學者對于匈奴的研究〉，引自《雲五社會科學大辭典・歷史學》匈奴條，頁35。
〔註3〕梁啓超：〈史記匈奴傳戎狄名義考〉，引自《雲五社會科學大辭典・歷史學》匈奴條，頁35。
〔註4〕《史記・匈奴列傳》（鼎文書局），頁2285～2286。
　　　秦昭王時……當是之時，冠帶戰國七，而三國（秦趙燕）邊於匈奴。
〔註5〕《史記・匈奴列傳》（鼎文書局），頁2879。
　　　匈奴，其先祖夏后氏之苗裔也，曰淳維。唐虞以上有山戎、獫狁、葷粥，居于北蠻，隨畜牧而轉移。

《史記索隱》才開始引用其他論著，將葷粥、山戎、熏粥、獯粥、鬼方、獫狁、獫狁，都視爲淳維的種族及匈奴的別稱。〔註6〕如此，出現了被記錄爲匈奴始祖夏后氏苗裔的獯粥，其名反而比黃帝時葷粥之名出現更晚的問題。由「獯粥」匈奴始祖晚於「葷粥」匈奴別名的時代先後的矛盾，也造成了學者對《史記·匈奴列傳》稱淳維是匈奴先祖而爲夏后氏苗裔的懷疑。史料原文如下：

> 諸侯咸遵軒轅爲天子，代神農氏，是爲黃帝⋯⋯北逐葷粥⋯⋯。──《史記·五帝本紀》

> 夏桀無道，湯放之鳴條，三年而死。其子獯粥妻桀之眾妾，避居北野，隨畜移徙，中國謂之匈奴。──樂產《括地誌》

> 殷時曰獯粥，改曰匈奴。──應邵《風俗通》

> 淳維以殷時奔北邊。──《史記索隱》引張晏言

> 匈奴，其先祖夏后氏之苗裔也，曰淳維。──《史記·匈奴列傳》

如果上述傳說史料都是信史，時代先後的矛盾情形，則可能出於「葷粥」爲族名，「獯粥」爲夏桀之子別號；先有「葷粥」族名，而後桀子因「妻桀之眾妾」的行爲正與「葷粥」族同俗，故得名「獯粥」。也有可能是在早已存在的「葷粥」的族名之上，附會一位傳說的始祖「獯粥」，並將匈奴收繼婚的習俗以傳說始祖的人格特質來顯現；即與渾沌、窮奇、檮杌、饕餮名號來源相同，〔註7〕是出於傳說人名與四裔族名的混稱。因此就算是淳維、山戎、鬼方、獫狁來自

---

〔註6〕 《史記·五帝本紀》（鼎文書局），頁3～7。
諸侯咸尊軒轅爲天子，代神農氏，是爲黃帝⋯⋯北逐葷粥（索隱：匈奴別名也。唐虞以上曰山戎，亦曰熏粥，夏曰淳維，殷曰鬼方，周曰獫狁，漢曰匈奴）⋯⋯。
又見《史記·匈奴列傳》，頁2879～2880。
匈奴，其先祖夏后氏之苗裔也，曰淳維（索隱：張晏曰「淳維以殷時奔北邊」。又樂產《括地譜》云「夏桀無道，湯放之鳴條，三年而死。其子獯粥妻桀之眾妾，避居北野，隨畜轉徙，中國謂之匈奴」。其言夏后苗裔，或當然也。故應邵《風俗通》云「殷時曰獯粥，改曰匈奴」。又服虔云「堯時曰葷粥，周曰獫狁，秦曰匈奴」。韋昭云：「漢曰匈奴〔，〕葷粥其別名」。則淳維是其始祖，蓋與獯粥是一也。）

〔註7〕 《史記·五帝本紀》（鼎文書局），頁36。
昔帝鴻氏有不才子，掩義隱賊，好行凶慝，天下謂之渾沌。少皞氏有不才子，毀信惡忠，崇飾惡言，天下謂之窮奇。顓頊氏有不才子，不可教訓，不知話言，天下謂之檮杌⋯⋯縉雲氏有不才子，貪于飲食，冒于貨賄，天下謂之饕餮⋯⋯舜賓於四門，乃流四凶族，遷於四裔，以御螭魅⋯⋯。

葷粥一音之轉，匈奴爲夏后氏苗裔的說法仍有待商榷。

　　王國維也認爲匈奴先世或別名，皆指盤據中國北方的蠻族，並不同於華夏民族。但在混稱的北方蠻族之中，「曰戎曰狄者，皆中國人所加之名。曰鬼方、曰混夷、曰獯鬻、曰玁狁、曰胡、曰匈奴者，乃其本名」。〔註 8〕而「匈奴」上古音讀如「Xjewng-nar」或「Kjewng-nar」；〔註 9〕在阿爾泰系語族中，「Kun」與匈奴音似，字義爲「人」。〔註 10〕且《史記‧匈奴列傳》所保留的匈奴語言如「單于」、「頭曼」、「冒頓」、「閼氏」、「駃騠」、「甌脫」、「骨都侯」、「屠耆」；《漢書‧匈奴傳》所保留的「撐犂」、「孤塗」等詞，都能夠以阿爾泰系語族中之突厥語、蒙古語、滿州語解讀。〔註 11〕從語言對當關係來看，匈奴並非華夏族屬。

　　以上是匈奴先世的族屬問題。至於匈奴分裂後，北匈奴與芬族（Hun）的關係，學者意見不一致。認爲匈奴與芬族（Hun）相關的學者，主要依據北匈奴西徙過程的四階段（（一）悅般時期；（二）康居時期；（三）粟特時期；（四）阿蘭時期）證明其相關；〔註 12〕認爲不相關的學者即就此假設遷徙途徑來分析，並證明時間地點的錯誤或國名的不存在。〔註 13〕陳師慶隆提出北匈奴不

---

〔註 8〕　王國維：《觀堂集林‧鬼方混夷玁狁考》。

〔註 9〕　陳慶隆：〈堅昆、點戛斯與布魯特考〉；《大陸雜誌》51 卷 5 期（民 64 年 11 月），頁 205。

〔註 10〕　劉學銚：《匈奴史論》（民 76 年），頁 7～8。

〔註 11〕　陳師慶隆以突厥語、蒙古語、滿州語解讀如下：

　　1　單于：Zeng（突厥語）＝Dengu（蒙古語）＝deng〔極〕－uru〔大〕

　　2　頭曼：Tamen／Tuman（突厥語）〔萬戶首長〕

　　3　冒頓：Bagatur（突厥語）〔英雄〕

　　4　閼氏：Esi（突厥語）〔配偶、女人〕

　　5　駃騠：Katir（突厥語）〔騾〕

　　6　甌脫：Orta<Ortra（突厥語）〔本義爲中間；可引申爲中間的房間，斥候用〕

　　7　骨都侯：Kutluk（突厥語）〔本義爲榮耀；用爲職官名，爲外圍職官，故爲異姓大臣〕

　　8　屠耆：Tuzi/duz（突厥語）〔本義爲正直、平滑的；引申爲賢，沒有障礙的智能〕

　　9　撐犂：Tangri（突厥語）〔天〕

　　10　孤塗：Kutu（突厥語）／Gutu，Huta（滿州語）〔子〕

〔註 12〕　齊思和：〈匈奴西遷及其在歐洲的活動〉；《歷史研究》1977：3（民 66 年），頁 126～141。

〔註 13〕　肖之興：〈關于匈奴西遷過程的探討〉，《歷史研究》1978：1（民 67 年），頁 83～87。

是芬族（Hun）的幾項有力根據：

（一）北匈奴西遷與芬族阿提拉（Attila）王崛起的時間巧合，不足以證
　　　明東西匈奴同源；原因在於中國史料悅般時期的空檔無法補足，
　　　致使西遷痕跡中斷。

（二）匈奴的上古音為「Xjewng-nar」或「Kjewng-nar」，芬族拼音則為
　　　「Hun」。匈奴為阿爾泰系語族，在同屬阿爾泰語族的突厥文中，
　　　字首出現舌根塞音「K」較早，出現舌根擦音「H」則是很晚的事
　　　情；並且「H」用於字首只出現於外來字。因此，芬族非阿爾泰系
　　　語族的支屬。

（三）芬族史料中的專有名詞（如 Blédns、Glones、Skotta、Apsikh 等），
　　　不符合阿爾泰系語族中母音與子音連結的規則，而出現了子音接
　　　子音的情形；因此芬族可能不是阿爾泰語系本族支屬。

　　雖然，桑原騭藏以西晉漢譯《普曜經》的「匈奴」及唐漢譯《方廣莊嚴
經》的「護那」，證明存於梵語（Sanskrit）的芬種與匈奴譯音相近；〔註14〕
又據梵英字典解釋，指出「Huna」譯義為野蠻人，特指芬種人，與匈奴的譯
義亦接近。〔註15〕但是此一情況僅說明匈奴、芬種及二者族屬支族的複雜性，
不能證明匈奴即是芬人。筆者謹以印度梵文原文及印度史料，補述於下。

（一）「Huna」為存於梵文中的外來語，它是種族名，而不是野蠻人的泛
　　　稱。

　　　「हूण」（Huna）為梵文辭書型中子音 ण（n）加短母音 अ（a）結
　　　尾的男性名詞，一般字典的解釋均為野蠻人（A barbarian）。〔註16〕
　　　但在其活用型的二十四種變化中，हूण 只出現於呼喚或驚歎一個芬族
　　　人時才使用。〔註17〕例如：हे हूण 可譯為「嗨！芬人」，而不能譯為

---

〔註14〕桑原騭藏著；楊鍊譯：《張騫西征考》（台北：台灣商務，民 58 年）（台一版），
　　　頁 2～3。

〔註15〕前引書，頁 57。
　　　作者所根據的字典為 Macdonell，Sanskrit-English Dictionary 原文為：Huna； a
　　　barbarian, a Hun.

〔註16〕Vasudeo Geovind Apte（1983）：The Concise Sanskrit-English Dictionary，頁
　　　364。

〔註17〕

| | S | D | P | |
|---|---|---|---|---|
| 1. | hūnah | hūnau | hūnāh | （hūna; subject in a sentence） |
| 2. | hūnan | hūnau | hūnān | （hūna; object in a sentence） |
| 3. | hūnena | hūnābhyān | hūnaih | （by/with/through hūna） |

「喂！你這個野蠻人」。就語法來看，𒀭爲芬人專稱而非野蠻人泛稱。

其次，在西元四四八年，杜拉馬那（Toramana）建立了一個在印度西北旁遮普及克什米爾地方的王朝，史稱芬人時期（Huna Era），〔註18〕此稱呼與夏伽時期（Saka Era）相似，被稱呼的芬人（Huna）及夏伽（Saka）均爲外來語，其所指涉的字義是爲族名稱呼。

（二）西元四八八至五二八年印度北方芬人時期的統治者杜拉馬那及其子密希拉古拉（Mihiragula）爲白匈奴，不同於中國境內黃色人種的匈奴。〔註19〕

（三）芬人時期的統治者名號爲耶薩（Yetha），〔註20〕此字與匈奴單于的對音較遠，故疑爲不同民族。

上述資料顯示，漢代匈奴的先世及其支族變化，往往出現概括龐大複雜種族的泛稱，在研究上使匈奴種族蒙上神秘的色彩。但是先世的不確定與支流的龐雜，不能代表漢代匈奴種族紛亂；原因在於漢時眞正的單于王族與貴族氏族「人眾不能當漢之一郡」，〔註21〕而其社會氏族外婚與單于貴種內婚的封閉性，都顯現出匈奴源流與支族的人種龐雜的研究，可以在特殊制度下尋求合理的解釋。

## 三、匈奴本部族屬的種族封閉性及其與異種部落間的聯繫關係

漢代匈奴族屬問題的解決，是解決匈奴先世及其後代種屬所以複雜卻又統合於相似或相同名號下的重要途徑。而漢代匈奴的人數，及多少人數的匈奴人口才能涵蓋複雜多樣的匈奴種類族屬，也是需要解決的問題。正史所載南北匈奴分裂前的匈奴作戰人口數目，少至萬餘人〔註22〕而多至四十萬人，

| | | | |
|---|---|---|---|
| 4. hūnāya | hūnābhyān | hūnebhyah | （for/to hūna） |
| 5. hūnāt | hūnābhyan | hūnebhyah | （from/than hūna） |
| 6. hūnasya | hūnayoh | hūnānām | （of/among hūna） |
| 7. hūne | hūnayoh | hūnesu | （in/on/at/awong hūna） |
| 8. he hūna | he hūna | he hūna | （oh/he hūna） |

〔註18〕Basham, A. L.（1975）：A Cultural History of India. xiii 至 xiv。
〔註19〕R. C. Majumdar and H. C. Raychaudhuri and Kalikinkar Datta, An Advanced History of India；李志夫譯（1949 年著，民 70 年譯）；《印通史》，頁 236。
〔註20〕同前註。
〔註21〕《史記・匈奴列傳》（鼎文書局），頁 2899。
〔註22〕《漢書・匈奴傳》（鼎文書局），頁 3787、3789、3791。
　　　　單于自將萬騎擊烏孫。

〔註23〕這些人口數目差異懸殊，或出於匈奴本身的強弱變化（如《史記》所載匈奴作戰人口數目較《漢書》數目爲多），或出於每次調動部落的多寡不一及部落組織官制下統領人口的多少；〔註24〕實際上匈奴王國總人口數目變動大眞正的原因在於：

> 其攻戰，斬首虜賜一卮酒，而所得鹵獲因以予之，得人以爲奴婢。故其戰，人人自爲趣利，善爲誘兵以冒敵。故其見敵則逐利，如鳥之集；其困敗，則瓦解雲散矣。戰而扶輿死者，盡得死者家財。〔註25〕

戰時人口總數爲「如鳥之集」情況下集合而成的數目，再加上戰勝之後「得人以爲奴婢」的奴隸人口，數目更容易暴增。而正史記載幾次數目十餘萬至四十萬的匈奴動員人口數目，也亦多出自戰勝之後的虜掠人口的加入。如：

> 及冒頓以兵至，擊，大破滅東胡王，而虜其民人及畜產。既歸，西擊走月氏，南并樓煩、白羊河南王。悉復收秦所使蒙恬所奪匈奴地者，與漢關故河南塞，至朝那、膚施，遂侵燕、代。是時漢兵與項羽相距，中國罷於兵革，以故冒頓得自彊，控弦之士三十餘萬。〔註26〕

> 後北服渾庾、屈射、丁零、鬲昆、薪犁之國……置頓縱精兵四十萬圍高帝於白登。〔註27〕

以上資料顯示，匈奴人口激增原因在於部落的擴張，部落擴張的情形，也能在考古出土物的鑑別下得到證明。內蒙古阿魯柴登所發現戰國時代二百餘件金銀器中的金冠（圖一），據考證，是匈奴異種部落王的遺物，而物主族屬可能出自冒頓早期。統治下白羊王或林胡王中的一支。〔註28〕關於外來奴

---

匈奴遣左右奧鞬各六千騎，與左大將再擊漢之田車師城者，不能下。

單于遣右丞相將萬騎往擊之，失亡數千人，不勝。

〔註23〕《史記·匈奴列傳》（鼎文書局），頁2894。

冒頓縱精兵四十萬騎圍高帝於白登。

〔註24〕《史記·匈奴列傳》（鼎文書局），頁2890。

自如左右賢王以下至當戶，大者萬騎，小者數千，凡二十四長，立號曰「萬騎」。

〔註25〕《史記·匈奴列傳》（鼎文書局），頁2892。

〔註26〕《史記·匈奴列傳》（鼎文書局），頁2889～2890。

〔註27〕《史記·匈奴列傳》（鼎文書局），頁2893。

〔註28〕田廣金，郭素新：〈內蒙古阿魯柴登發現的匈奴遺物〉；《考古》1980：4，頁338。

隸或異種部落的加入，會不會導致匈奴人種質變的問題，我們可就單于王位
繼承制度和匈奴婚姻制度討論如下。

## 圖一：匈奴鷹型金冠

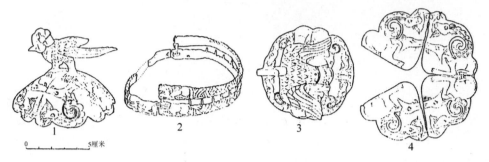

1. 鷹冠側視　　2. 冠帶　　　3. 俯視　　4. 狼咬羊展開圖

資料來源：〈內蒙古阿魯柴登發現的匈奴遺物〉

以文獻史料來看，漢代匈奴已發展到了父系繼承的系族部落社會，並且
已產生嚴密的單于王位繼嗣制度。

中行說曰：「……父子兄弟死，取其妻妻之，惡種姓之失也。故匈奴
雖亂，必立宗種……。」〔註29〕

單于姓攣鞮氏，其國稱之曰「撐犁孤塗單于」。〔註30〕

置左右賢王，左右谷蠡王，左右大將，左右大都尉，左右大當戶，
左右骨都侯。匈奴謂賢曰「屠耆」，故常以太子爲左屠耆王。〔註31〕

其大臣貴者左賢王，次左谷蠡王，次右賢王，次右谷蠡王，謂之四
角；次左右日逐王，次左右溫禺鞮王，次左右漸將王，是爲六角；
皆單于子弟，次第當爲單于者也。〔註32〕

〔註29〕《史記·匈奴列傳》（鼎文書局），頁 2900。
〔註30〕《漢書·匈奴傳》（鼎文書局），頁 3751。
〔註31〕《史記·匈奴列傳》（鼎文書局），頁 2890。
〔註32〕《後漢書·南匈奴列傳》（鼎文書局），頁 2944。
　　　　日人護雅夫發現後期南匈奴「六角」中有少數非出於單于子弟的例外者；謝
　　　　劍認爲是出於政治權力分配與移轉的變動，亦即經過長期發展，單于姻族人
　　　　口多於單于氏族人口，統治階層氏族人數比例的量變導致質變。
　　　　見謝劍：〈匈奴社會組織的初步研究：氏族、婚姻、和家族的分析〉；《中央研
　　　　究院歷史語言研究所集刊》第四十本下冊（民 58 年 11 月）。

可見漢時匈奴爲了維持單于種姓的純粹，已建立出以「左屠耆王」爲太子，四角、六角次第當爲單于的單于嗣位結構群。並且這群單于子弟都分布在中央單于王庭的四圍，以爲鞏固。〔註33〕但是雖然四角、六角爲單于的嗣位群，一旦單于王位政權移轉，新單于對四角、六角的人選會另作安排。〔註34〕而單于王位的傳遞，常將母姓氏族血緣列爲重要考慮因素。因此，匈奴單于王族僅與貴姓聯姻，貴姓「諸大臣皆世官」，〔註35〕且居固定的方位以爲單于的部落屏障，並有固定性質的輔政工作。

> 諸大臣皆世官。呼衍氏、蘭氏，其後有須卜氏，此三姓其貴種也。
> 〔註36〕
> 單于姓虛連題。異姓有呼衍氏、須卜氏、丘林氏、蘭氏四姓，爲國中名族，常與單于婚姻。呼衍氏爲左，蘭氏、須卜氏爲右，主斷獄聽訟，當決輕重，口白單于，無文書簿領焉。〔註37〕
> 異姓大臣左右骨都侯，次左右尸逐骨都侯，其餘日逐、且渠、當戶諸官號，各以權力優劣、部眾多少爲高下次第焉。〔註38〕

漢代匈奴雖因部落擴張而使外來奴隸及異種部落融入其中，但在嚴密的單于繼承制度和世代僅與貴種通婚的封閉性，而在本族子弟屏障四周，以姻親做爲政治的輔弼制度下，匈奴在漢代種屬不僅能保持王族貴種間的血緣純粹，也藉著血緣的紐帶，由單于王族至貴種部落以至於異種部落產生連鎖的軍事統屬控制。以遼寧省西岔溝出土的西漢早期至中期匈奴古墓群來看，其墓地已「具有一定軍事組織和氏族埋葬特點」，〔註39〕考古文物顯示：

> 隨葬品的種類、數量大都反映了死者的身分。〔註40〕
> 處在中心墓區的一批墓葬是屬於較高階層的，他們的身分地位和西

〔註33〕 王維宗：〈匈奴諸王考述〉；《內蒙古大學學報》1985：2（民74年），頁2。
作者認爲四角、六角中的「角」，可能是指方位。
四角分布的位置可能在單于庭的東南、西南、東北、西北四個角落；而六角王則夾在四角王之間，在四角王和單于的雙重領導下行使職權。
〔註34〕 同前註。
〔註35〕 《史記‧匈奴列傳》（鼎文書局），頁2890。
〔註36〕 前引書，頁2890～2891。
〔註37〕 《後漢書‧南匈奴列傳》，頁2945。
〔註38〕 前引書，頁2944。
〔註39〕 孫守道：〈匈奴西岔溝文化古墓群的發現〉；《文物》1960：8、9期，頁26。
〔註40〕 同前註。

部墓區東坡那些墓葬對比起來，是差別很大的。但從數以百計的墓
葬排列和分布關係上，又可以看出他們仍然還保持著這一部族內的
氏族紐帶。〔註41〕

使用這一墓地的本部族（也許說他是一個部落合適一些，尚待研究確
定）決不是生活在一個孤立的環境中，相反，他是屬於他們那個部族
社會的一部分，並和這一社會母體保存著千絲萬縷的聯繫。〔註42〕

這區墓群的墓葬時間可以分出早中晚三期，「以中期墓葬最多，約占 70
％～80％；晚期最少，不足 10％」。〔註43〕「這一墓地的基本時代是相當於武
帝到昭帝時期」，〔註44〕因此在西漢時代匈奴本部族屬血緣世系和婚姻制度都
是非常封閉的，而由單于子弟、貴種姻親到異種部落之間，都存在著氏族紐
帶由親而疏以完成連鎖性的軍事統治。

由以上資料顯示，漢代匈奴維持種屬不相混雜的條件在於：

（一）單于王族嚴密繼承制度下，保持了王儲血統的純正。〔註45〕

（二）「父死，妻其後母；兄弟死，皆取其妻妻之」習俗下；娶寡母、寡
　　　嫂的制度，避免了宗種的流失或姻親範圍的擴大。〔註46〕

（三）同姓間四角、六角王儲在單于庭四周的屏障，以及與異姓大臣聯
　　　姻，維持近親血緣連鎖統治的關係。

---

〔註41〕前引書，頁 29。

〔註42〕同前註。

〔註43〕前引書，頁 28。

〔註44〕同前註。

〔註45〕謝劍：〈匈奴社會組織的初步研究：氏族、婚姻和家族的分析〉；《中央研究院
歷史語言研究所集刊》第四十本下冊（民 58 年 11 月），頁 683。
作者以爲漢貳師將軍李廣利雖貴爲單于女婿，仍被「祠兵」，表示匈奴仍以外
族看待貳師將軍。另和親言女王昭君之子伊屠知牙師當立爲儲副而被異母兄
黜殺，亦有可能出於血統不純正而被排斥。
按：《周書》稱突厥爲匈奴別種；由突厥制度亦可做爲旁證。《舊唐書·突厥
上》稱「思摩者，頡利族人也。始畢、處羅以其貌似胡人，不類突厥，疑非
阿史那族類，故歷處羅、頡利世，常爲夾畢特勤，終不得典兵爲設。」見鼎
文版，頁 5163。

〔註46〕謝劍：〈匈奴社會組織的初步研究：氏族、婚姻、和家族的分析〉。
作者提出娶寡母或寡嫂的制度，能使宗種在其母改嫁後依然存於同姓氏族體
制下，能得到較好的待遇照顧。按：此種制度無形中也限制了貴姓寡婦一定
要改嫁單于族姓，如此可限制單于姻親範圍，不致使單于與姻親血緣等級相
去太遠或太疏。

## 四、結語：漢代匈奴種屬及其崛起過程與消散原因的再探討

匈奴先世的說法，有西來說與北來說，或出於突厥，或出於蒙古，[註47] 或出於滿州。[註48] 古籍所載出於夏后氏苗裔的說法，現在已被語言學及考古分析推翻，而證實匈奴先世為出於北方外族中的一支系。匈奴種系的崛起或如突厥出於茹茹鐵匠一般，曾附於外姓氏族部落之下而為寒微小族。但到了頭曼成為萬戶之長以後，則已獨立成為一個氏族部落。

漢代的匈奴氏族部落雖缺乏直接文獻，但以體質人類學看，從東周時代桃紅巴拉墓地人種到東漢晚期青海大通縣孫家寨墓地人種，皆屬於蒙古大人種的亞洲主幹。[註49] 其人種面貌，與西元一世紀或西元前後中亞的匈奴人種近似（見表一）。

### 表一：匈奴墓人種比較（男性）

| 組別<br>馬丁號、項目 | 桃紅巴拉 | 青海大通 | 貝加爾湖西部地區匈奴墓 | 胡吉爾圖2號墓 |
|---|---|---|---|---|
| 1.頭長 | 178.00 | 188.00 | 187.30 | - |
| 8.頭寬 | 151.00? | 149.00 | 145.50 | - |
| 17.頭高 | - | 137.50 | 131.00 | 135.00 |
| 9.最小額寬 | 94.00 | 97.00 | 91.90 | 90.00 |
| 5.顱基底長（ba-n） | - | 96.00 | 101.00 | 99.00 |
| 40.面基底長（ba-pr） | - | 105.00 | 99.90 | 96.00 |
| 48.上面高（n-sd） | 80.00 | 76.00 | 76.40 | 71.00 |
| 51.眶寬 | 44.60 | 45.50 | - | 42.00 |
| 51a.眶寬 | 40.00 | 40.00 | 40.11 | 38.00 |
| 52.眶高 | 31.50 | 40.00 | 34.56 | 34.00 |

[註47] 《中國大百科全書·民族》突厥條，頁481。

[註48] 何啓民：〈略論匈奴之源起〉；《東方雜誌》第22卷6期（民77年12月），頁32～33。
作者就考古顯現的彩陶遺址證明陶民西來，再就《史記》言匈奴先世「淳維」與滿州先世「室韋」傳說的字音相近，證明匈奴北來說；是以結合西來說與北來說，斷定匈奴滿州同源，為阿爾泰系民族。

[註49] 潘其風，韓康信：〈內蒙古桃紅巴拉古墓和青海大通匈奴墓人骨的研究〉；《考古》1984：4，頁371。

| 54.鼻寬 | 28.50 | 29.00 | 27.67 | 27.00 |
|---|---|---|---|---|
| 55.鼻高 | 57.80 | 58.50 | 55.44 | 50.00 |
| 8：1 頭指數 | 84.83 | 79.26 | 77.80 | - |
| 17：1 長高指數 | - | 73.14 | 69.50 | - |
| 17：8 寬高指數 | - | 92.28 | 90.10 | - |
| 9：8 額寬指數 | - | 64.43 | 63.10 | - |
| 40：5 面突指數 | - | 91.43 | 98.00 | 96.90 |
| 54：55 鼻指數 | 49.31 | 49.57 | 49.30 | 54.00 |
| 52：51 眶指數 I | 70.63 | 87.91 | - | 80.90 |
| 52：51a.眶指數 II | 78.75 | 100.00 | 87.40 | 89.95 |
| 48：17 垂直顱面指數 | - | 55.28 | 58.32 | 52.60 |

資料來源：潘其風、韓康信：〈內蒙古桃紅巴拉古墓和青海大通匈奴墓人骨的研究〉

由語言學來看，存於《史記》、《漢書》、《後漢書》文獻中的匈奴語言對音，匈奴應屬阿爾泰系民族，而較接近突厥種。〔註50〕

西漢初年，匈奴單于王族已發展出完備的繼承制度、姻親固定範圍的婚姻制度和大臣世襲制度。這些制度使匈奴單于王族國保持血統純正，並能成功的利用宗室及外戚實行軍事連鎖統治。這些維持種族純正的有利條件，到了東漢末年，因以下因素而發生了變化。

（一）單于王族的擴大與分裂：經過數百年的歷史演變，王族人數增多，造成王位爭奪。多位單于並立現象，容易造成攣鞮氏單于族分裂。〔註51〕

（二）姻族的擴大及政治權力的移轉：姻族的擴大見於《史記》記載世官大臣初爲呼衍氏、蘭氏二姓，後增須卜氏共三姓。〔註52〕《後漢書》又增丘林氏，並記載四姓常與單于婚姻。〔註53〕權力的移轉則在《後漢書》見「左呼衍日逐王須訾將萬騎出朔方」，〔註54〕

---

〔註50〕 同註11。
〔註51〕 王維宗：〈匈奴諸王考述〉；《內蒙古大學學報》1985：2，頁4。
〔註52〕 《史記·匈奴列傳》（鼎文書局），頁2890。
〔註53〕 《後漢書·南匈奴列傳》（鼎文書局），頁2945。
〔註54〕 《後漢書·南匈奴列傳》（鼎文書局），頁2952。

顯現貴種侵入單于王儲的四角官位之內。〔註55〕

（三）外來地域文化的侵入：以墓葬形式來看，匈奴各期墓葬發展階段
均較中國爲晚，因此有可能受中原文化影響。〔註56〕又因經濟因
素的影響，致使移居內地的匈奴產生了生活方式的改變。〔註57〕

造成匈奴的後世，則在同音或相似名稱的部落國家下，出現了完全不同
的種屬——白匈奴。白匈奴若與匈奴相關，則可能出自匈奴的異種部落；但
就其不再保留「單于」稱謂而改稱「耶薩」的語言現象來看，匈奴若與芬族
相關，也是在歷史因素中相關，不是在血統淵源上相關。

漢代攣鞮氏匈奴有如狂風捲起的一粒沙塵，在極度飛揚之後，終因異姓、
異種的取代，消逝沉寂於大地。

## 參考資料

### 一、考古研究

1. 孫守道：〈匈奴西岔溝文化古墓群的發現〉；《文物》，1960：8、9 期。

2. 田廣金：〈桃紅巴拉的匈奴墓〉；《考古學報》，1976：1。

3. 內蒙古博物館，內蒙古文物工作隊；田廣金執筆：〈內蒙古準噶爾旗玉隆
太的匈奴墓〉；《考古》，1977：2。

4. 青海省文物管理處考古隊；趙生琛執筆：〈青海大通上孫家寨的匈奴墓〉；
《文物》，1979：4。

5. 田廣金，郭素新：〈西溝畔匈奴墓反映的諸問題〉；《文物》，1980：7。

6. 伊克昭盟文物工作站，內蒙古文物工作隊；郭素新；田廣金執筆：〈西溝
畔的匈奴墓〉；《文物》1980：7。

---

〔註55〕謝劍：〈匈奴社會組織的初步研究：氏族、婚姻和家族的分析〉（民 58 年 11
月），頁 675。

〔註56〕田廣金：〈匈奴墓葬的類型和年代〉；《內蒙古文物考古》第 2 期；轉引自《史
學情報》，1984：1，頁 72。
匈奴墓分四階段：（一）土坑墓階段：桃紅巴拉、阿魯柴登及玉隆太墓；（二）
木棺墓階段；（三）木槨墓階段；（四）磚室墓階段：青海大通縣孫家寨墓。
又見：王仲舒：《漢代考古學概說》（北京：中華書局，1984），頁 85。
新石器時代，中國已出現長方形土坑豎穴墓葬（匈奴出現於春秋末戰國初的
桃紅巴拉墓），東漢開始用小型磚築墓室（匈奴出現於青海大通孫家寨墓，時
已東漢末）。

〔註57〕莫任南：〈匈奴分裂的原因和呼韓邪附漢的意義〉；《湖南師院學報》1984：2，
頁 16～17。

7. 塔拉，梁京明：〈呼魯斯太匈奴墓〉；《文物》1980：7。

8. 田廣金，郭素新：〈內蒙古阿魯柴登發現的匈奴遺物〉；《考古》1980：4。

9. 田廣金：〈匈奴墓葬的類型和年代〉；《內蒙古文物考古》第 2 期；轉引自《史學情報》1984：1。

10. 潘其風，韓康信：〈內蒙古桃紅巴拉古墓和青海大通匈奴墓人骨的研究〉；《考古》1984：4。

11. 王仲舒著；中國社會科學院考古研究所編輯：《漢代考古學概說》（北京：中華書局，1984 年）。

12. 內蒙古文物考古研究所；田廣金執筆：〈內蒙古朱開溝遺址〉；《考古學報》1988：3。

13. 內蒙古文物考古研究所；田廣金執筆：〈鄂爾多斯式青銅器的淵源〉；《考古學報》1988：3。

14. 寧夏文物考古研究所，中國社會科學院考古所寧夏考古組；烏恩，鍾侃，李進增執筆：〈寧夏同心倒墩子匈奴墓地〉；《考古學報》1988：3。

## 二、基本文獻史料

1. 《史記》〈匈奴列傳〉。

2. 《漢書》〈匈奴傳〉、〈西域傳〉。

3. 《後漢書》〈西域傳〉、〈南匈奴列傳〉。

4. 《周書》〈異域下・突厥〉。

5. 《北史》〈突厥〉。

6. 《隋書》〈北狄〉。

7. 《舊唐書》〈突厥上、下〉。

## 三、字典、辭典及百科彙編

1. 張星烺：《中西交通史料彙編》（台北：世界書局，民 72 年 5 月）（三版）。

2. 方豪主編；黃俊傑執筆：《雲五社會科學大辭典・歷史學》匈奴條（台北：台灣商務印書館，民 68 年 12 月）。

3. 楊家駱主編：《中國學術類編・歷代邊族傳記會編》（台北：鼎文，民 64 年 12 月）。

4. 《中國大百科全書》匈奴條。

5. Mahadevan Embrathiry and Narayanan Ramsamy, धातुपाठ [A list of roots], India : Mahaderan Embrathiry and Narayanan Ramasamy, 1980.

6. Antoine, R. , A Sanskrit Manual, Calcutta： Xavier Publication, 1972.

7. Kurian, George Thomas, Historical and Cultural Dictionary, Delhi : Motilal Banaridass, 1983.

## 四、後人論著

1. 王國維：《觀堂集林》（台北：世界書局影印）。

2. 曾問吾：《中國經營西域史》。

3. 林惠祥：《中國民族史》（上海：商務，民 25 年）。

4. 陳正祥：《西北區域地理》（重慶：商務，民 34 年）。

5. 文崇一：〈漢代匈奴人的社會組織與文化型態〉；《邊疆文化論集》中冊（台北：中華文化出版事業委員會出版；中央文物供應社發行，民 42 年 12 月）。

6. 陳垣：《兩漢和西域等地的經濟文化交流》（上海：上海人民出版社，1957 年）。

7. 藤田豐八等著；楊鍊譯：《西北古地研究》（台北：台灣商務，民 52 年）。

8. 桑原騭藏著；楊鍊譯：《張騫西征考》（台北：台灣商務，民 5 年）（台二版）〔初版為民 55 年〕。

9. 謝劍：〈匈奴人政治制度的研究〉；《中央研究院歷史語言所集刊》第 41 本 2 分（民 58 年 6 月）。

10. 鄭欽仁〔譯〕；〔護雅夫著〕：〈匈奴：古代遊牧帝國的形成〉；《新時代》9 卷 4 期（民 58 年）〔本文同 13〕。

11. 謝劍：〈匈奴社會組織的初步研究：氏族、婚姻、和家族的分析〉；《中央研究院歷史語言所集刊》第四十本下冊（民 58 年 11 月）。

12. 巴克爾著；黃淵靜譯：《韃靼千年史》（台北：台灣商務，民 60 年）。

13. 護雅夫著；鄭欽仁譯：《匈奴》（台北：台灣學生書局，民 66 年）。

14. 齊思和：〈匈奴西遷及其在歐洲的活動〉；《歷史研究》1977：3。

15. 肖之興：〈關於匈奴西遷過程的探討〉；《歷史研究》1978：1。

16. 岑仲勉：《漢書西域傳地理校釋》（北京：中華，1981）。

17. 白鳳岐：〈試論匈奴與西域的關係〉；《內蒙古大學學報》1981：2。

18. 朱葆珊：〈論東漢三通西域〉；《內蒙古大學學報》1981 增刊。

19. 陸恩賢：〈匈奴族名原義探源〉；《內蒙古師院學報》1982：2。

20. 白鳳岐：〈匈奴人在河西走廊地區活動的幾個問題〉；《甘肅・社會科學》1983：2；轉引自《史學情報》1983：4。

21. 莫任南：〈匈奴分裂的原因和呼韓邪附漢的意義〉；《湖南師院學報》1984：2。

22. 王維宗：〈匈奴諸王考述〉；《內蒙古大學學報》1985：2。

23. 羅獨修：〈漢高祖稱臣於匈奴考〉；《簡牘學報》12 期（民 75 年 9 月）。

24. 劉學銚：〈匈奴與兩漢之戰和及其影響〉；《中國邊政》98 期（民 76 年 6

月）。

25. 何啓民：〈略論匈奴之源起〉；《東方雜誌》22 卷 6 期（民 77 年 12 月）。

26. 張哲誠：〈匈奴西遷——匈奴入歐前之歐亞內陸民族變遷〉；《中國邊政》105 期（民 78 年 3 月）。